Andr

Avec Jésus qu'est-ce que tu vis ?

24 méditations sur l'Évangile

Le Centurion

ISBN 2.227.33508.4

17, rue de Babylone, 75007 Paris

Avec Jésus
qu'est-ce que tu vis?

Un jour, à Taizé, j'étais dans un groupe. Non sans malaise. Ils avaient vingt ans, et moi... J'ai voulu le leur dire, mais ils m'ont coupé : « Ton âge, ça ne nous intéresse pas. Avec Jésus, qu'est-ce que tu vis ? » C'est ainsi que ce livre est né.

Qu'est-ce que je vis avec toi ?

J'avais dix-huit ans quand, par hasard, j'ai découvert la Première Lettre de saint Jean : « *Ce qui était dès le commencement, ce que nous avons entendu, vu, touché du Verbe de vie.* » Jésus, c'était donc cela ? C'était la Vie ? J'ai eu le sentiment qu'on pouvait, qu'on devait tout miser sur cette Vie.

Les années ont passé. Je crois de plus en plus que la chance d'un homme c'est de pouvoir fréquenter Jésus. Il est vivant et il est proche. Depuis sa résurrection il peut nouer une relation très personnelle avec tout homme qui désire cette relation. Est-ce que je la désire ? Est-il vivant pour moi ? Est-il source de vie pour moi ? Quelle relation ai-je nouée avec lui ?

J'entends encore ce jeune qui disait : « Je lisais l'Évangile pour y chercher comment vivre. Soudain, j'ai arrêté, j'ai regardé Jésus et je lui ai dit : mais tu es là près de moi ! Vivant. Tu es là pour moi aujourd'hui. » Ainsi commence la foi véritable, l'expérience de foi. Quand Jésus devient pour nous quelqu'un qui est là aujourd'hui.

Dans l'actuelle prière du matin, je suis souvent saisi par l'appel pressant : « *Aujourd'hui, allez-vous enfin écouter ce qu'il dit ?* » Aujourd'hui ! Nous avons une telle puissance d'évasion. Nous étudions inlassablement ce que Jésus a dit; nous rêvons sur ce que, à partir de ces paroles, nous pourrions vivre. Mais si nous le fréquentions, si nous ne le perdions pas de vue nous dirions : « Qu'est-ce que je peux vivre avec toi en ce moment, tout de suite ? »

Notre lecture de l'Évangile serait très différente. Un mot nous frapperait, le mot qui fait réellement vivre quelque chose : « Aujourd'hui. »

Aujourd'hui

L'Évangile est un obsédant aujourd'hui. Toute l'histoire soudain ramassée découvre qu'elle n'était qu'un suspense : « *Aujourd'hui, un Sauveur vous est né !* » (Lc 2, 11).

Cet aujourd'hui a bouleversé le monde, il pourrait bouleverser ma vie si je l'entendais bien. Quand Jésus est revenu à Nazareth, tout était tranquille, routinier. Il entre dans la synagogue « comme d'habitude ». On lui présente le Livre pour la lecture liturgique. Il court des rumeurs à son sujet et Luc note la tension : « *Tous avaient les yeux fixés sur lui.* » Ce qu'il lit est de l'Isaïe très connu : « *L'Esprit du Seigneur m'a consacré pour porter la bonne nouvelle aux pauvres.* » Fini le passage, il roule le Livre, s'assied et prononce quelque chose d'inouï qui les fige : « *Aujourd'hui, ce que vous venez d'entendre se réalise.* »

Quand je fixe moi aussi les yeux sur Jésus, c'est bien le Jésus parlant à Nazareth que je regarde. Mais je n'ai pas à le rejoindre dans ce passé. Jésus vivant aujourd'hui m'atteint dans mon présent parce que sa résurrection lui a donné tous les hommes. L' « aujourd'hui » de Nazareth s'étend maintenant jusqu'à l'aujourd'hui actuel de Paris ou de Santiago. Jésus est vivant d'une vie totalement désenclavée qui rend possible un aujourd'hui entre Jésus et moi en ce moment même. Si je comprends cela, tous les « aujourd'hui » de l'Évangile me frapperont intensément.

- *Zachée, il me faut, « aujourd'hui », demeurer chez toi... « Aujourd'hui », cette maison a reçu le Salut* (Lc 19, 5-9).
- *Mon enfant, va « aujourd'hui » travailler à ma vigne* (Mt 21, 28).
- *Dès « aujourd'hui », tu seras avec moi* (Lc 23, 43).
- *Je suis avec vous « tous les jours »* (Mt 28, 20).

Décidez votre vie sur moi

Un homme a surgi à tel endroit, à telle époque. Il demandait ce qu'aucun homme n'avait demandé, ce qu'aucun homme ne demandera jamais : décidez toute votre vie sur moi, à cause de ce que je suis. Il fallait se décider immédiatement : « *Crois-moi, suis-moi ! Venez et voyez.* »

Il me demande la même chose. De vivant à vivant. Il y a des manières de penser à Jésus qui le tuent : « Si Jésus revenait dans notre univers d'usines, d'ordinateurs, d'HLM... » Mais il y est ! Ou qu'est-ce que je dis quand je dis qu'il est vivant ? Vais-je jouer don Camillo : « Ça, Jésus, tu ne peux pas le comprendre ! » Cette façon de le rejeter dans la Palestine des années 30 peut m'empêcher de nouer avec lui une fréquentation forte. Je me crois obligé, plus ou moins consciemment, de m'adapter à ce qui fut son univers culturel : les brebis, les pharisiens, la pêche sur le lac, les discutailleries rabbiniques. Mais, vivant aujourd'hui, il m'attend dans cet aujourd'hui pour le vivre avec moi, pour le vivre avec tous les hommes de notre temps. Il est là.

Il vit autrement, mais ce n'est pas un autre Jésus

Dès que je dis cela, on m'objecte : « Où est-il ? Comment pouvons-nous l'atteindre ? Dois-je imaginer un Jésus 1978, en train de me parler d'HLM et d'ordinateurs, au lieu de brebis ? »

Non, c'est toujours le Jésus de l'Évangile qui nous rejoint. Depuis sa résurrection il est entré dans une vie autre qui ne connaît plus de limites et qui le fait donc contemporain de toutes les époques et proche de tous les hommes.

Mais ce Jésus qui vit autrement n'est pas un Jésus autre que celui de l'an 30 en Palestine. Là, il est devenu l'homme qu'il sera éternellement comme homme. Si je veux nouer une relation avec lui je n'ai qu'un moyen de le voir et de l'entendre : les Évangiles. C'est étrange de rencontrer tant de chrétiens qui n'ont même pas l'idée de fréquenter assidûment Jésus par les Évangiles.

Pourtant, il faut dire et redire que ces Évangiles ne nous font pas rencontrer seulement un homme du passé : je suis à la fois devant Jésus de Nazareth très circonscrit, et devant un Jésus pascal qui est aux dimensions du monde et du temps. Toutes les limites éclatent par la force même de l'Évangile qui ne cesse de nous redire : le même Jésus que je te fais connaître est maintenant vivant, d'une mystérieuse vie totalement libérée. Il te dit « Viens! », exactement comme il l'a dit à Pierre, André, Jean et Matthieu. Il te le dit en ce moment, dans ton aujourd'hui, il sait ce que cela signifie le suivre aujourd'hui, parce que c'est là-dedans qu'il te rencontre, dans ton monde et dans ta vie.

L'amour à aimer

Comment nous rencontre-t-il ? Nous allons méditer longuement, pas à pas, toutes les découvertes et tous les face à face où s'intensifie la foi et où s'éveille l'amour.

Car il s'agit d'amour. Le vivant que nous allons essayer de rencontrer est à la fois le Jésus de l'histoire, de la foi et de l'amour. L'histoire nous redonne Jésus de Nazareth; la foi scrute inlassablement le mystère de Notre Seigneur Jésus Christ, Dieu et homme; l'amour nous fait vivre tout de suite quelque chose avec lui. Celui qui ne cherche dans l'Évangile que des idées et des conseils reste loin de Jésus. Il approche, celui qui voit d'abord le Vivant, la Vie, l'Amour même, l'Amour à aimer.

« *Ce qui était dès le commencement*, balbutie Jean l'Évangéliste, *ce que nous avons entendu, ce que nous avons vu, contemplé et touché du Verbe de Vie ! Car la vie s'est manifestée et nous vous annonçons la Vie éternelle qui était tournée vers le Père et qui s'est manifestée à nous* » (1 Jn 1, 1-3).

C'était dans les années 30 en Palestine. C'est aujourd'hui, dès que des hommes commencent avec Jésus la même aventure.

Te fréquenter par l'Évangile

La liturgie nouvelle nous met très en contact avec une grande partie des Évangiles, les homélies et les partages d'Évangile sont de fructueuses rencontres de Jésus. Mais je voudrais vous proposer une lecture intégrale et personnelle des quatre Évangiles. Sans la lecture assidue de tout le texte, on reste loin du vrai Jésus.

Saint Jean dit à la fin de son Évangile : « *Ceci a été écrit pour que vous croyiez.* » Et pour que vous ne croyiez pas n'importe quoi. On pense connaître Jésus mais c'est souvent un Jésus au goût du jour, hier douceâtre, aujourd'hui guérillero. Fabriquer soi-même son Christ c'est renoncer à fréquenter le Christ. Il y a beaucoup de chrétiens sans relation personnelle avec Jésus Christ, tout simplement parce qu'ils ne lisent pas l'Évangile.

Mais que faire si cette lecture nous rebute ? Essayer de la transformer en rendez-vous d'amour.

Je commence par une prière. A vous, bien sûr, d'inventer la vôtre. Elle doit nous remettre dans la disposition de faire non une lecture ordinaire mais une lecture-rencontre.

Seigneur Jésus, toi qui as dit : « Celui qui m'a vu a vu le Père », fais que je te connaisse mieux, et que par toi je connaisse le Père.

Esprit Saint, fais-moi comprendre les actes et les paroles de Jésus. Et donne-moi la force de dire oui à ce qu'il va me demander.

Marie, aidez-moi à écouter, à méditer, et à dire oui comme vous.

L'insistance sur le « oui » me dispose à une lecture « engagée »; je vais y revenir, c'est capital.

Au démarrage, la lecture sera tout de même une lecture-étude assez froide, « objective », au sens où je ne me sens pas particulièrement concerné.

Je m'efforce alors de passer très consciemment de cette attitude objective (« Seigneur, que voulais-tu dire ? ») à l'implication subjective (« Seigneur, que veux-tu me dire ? »).

Ai-je déjà mesuré ce qu'il y a d'extraordinaire dans cette possibilité de rencontrer le Seigneur en lui demandant une parole très personnalisée ? Que veux-tu ME dire ? On lance parfois en plaisantant : « Je n'ai pas le numéro de téléphone du

Bon Dieu. » Et cela veut finalement souligner que nos dialogues avec Dieu sont des monologues. Mais pas dans la lecture de l'Écriture. C'est un dialogue possible, toujours possible. Il faut seulement passer de « le Seigneur parle » à « le Seigneur me parle ».

Comment se fait-il qu'on utilise si peu cette chance de dialogue sûr ? Jésus est là, par la force vivante du texte évangélique. Jésus vivant parle maintenant et pour moi. J'étais attendu, je suis regardé et enseigné par quelqu'un qui m'aime. Vais-je manquer cette rencontre par mon inattention ? Ou par un souci trop exclusif de m'instruire sans chercher avant tout à aimer ?

Passer de l'étude à la rencontre

Il faut se secouer dès que notre lecture d'Évangile est mal partie. Foi faiblement éveillée, amour distrait. J'étudiais hier Matthieu 1, 18 : « *Voici comment naquit Jésus Christ. Marie, sa mère, avait été accordée en mariage à Joseph; mais avant d'habiter ensemble elle se trouva enceinte par le fait de l'Esprit.* » J'étais pressé, je n'ai pas prié, je me suis jeté sur le texte, tout de suite amusé par les traductions laborieuses de la première phrase : « *La naissance de Jésus arriva ainsi... Voici quelle fut l'origine de Jésus Christ...* »

Et puis j'ai eu honte, j'ai vu que j'allais traiter la Parole comme s'il s'agissait de la vie de Platon ou de Gandhi. Et pourtant ! Tout à coup j'ai senti le poids des mots. « *Naissance de Jésus* » : toute la vie du monde et ma vie dépendent de ces humbles moments où un jeune fiancé s'est demandé ce qui lui arrivait, à lui et à sa Marie.

Le climat de ma lecture a changé. J'ai continué l'étude, verset par verset. Mais je me suis arrêté deux fois. A l'imposition du nom de Jésus : « *Tu lui donneras le nom de Jésus, car il sauvera son peuple.* » Il me semblait que je redécouvrais ce nom qui aura amassé sur lui tant d'amour. Et l'autre nom m'a aussi arrêté : « *On lui donnera le nom d'Emmanuel, Dieu avec nous.* » J'ai enjambé tout l'Évangile de Matthieu pour rester un moment sur le dernier verset : « *Je suis avec vous tous les jours.* » La lecture était devenue rencontre.

Je me souviens d'un récit de messe en Côte-d'Ivoire. Un petit groupe, en semaine. Il y avait Anne, une paysanne qui ne connaissait que son dialecte, l'agui. A l'Évangile, le prêtre lisait les phrases et une Noire, qui connaissait le français et l'agui, traduisait ces phrases une à une pour Anne qui les recevait en s'inclinant chaque fois.

Quel abîme entre cette rencontre respectueuse et reconnaissante et nos lectures hâtives, absentes. Pour que l'Évangile soit une source inépuisable de rencontres avec Jésus Christ, il faut le vouloir.

Un rendez-vous se nourrit de regards, de mots, de silences. Peu importe, pourvu que nous restions en éveil, en amour. Avec des différences selon le tempérament de chacun, selon le jour ou le texte lu.

Tantôt ce sera une contemplation où seul compte le regard sur Jésus. Tantôt une question obstinée : « Que veux-tu me dire aujourd'hui ? » Ou une demande de force : « Ce que tu attends de moi me fait peur, donne-moi le courage de faire ce pas. »

Il faut éviter le piège du : « Que veux-tu que je fasse ? » Question bien naturelle pourtant, quand on rencontre Jésus. Oui, mais elle devient un piège quand on s'imagine que toute lecture d'Évangile doit aboutir à cela pour être « utile ». Dans certains groupes, j'ai remarqué qu'on cherche immédiatement une application de n'importe quel passage à notre vie du moment.

Ce « que faut-il faire ? » généreux mais impatient nous détourne trop vite de Jésus et nous retourne sur nous, rien que sur nous. Il y a ainsi des chrétiens qui auront « utilisé » toute leur vie l'Évangile, sans avoir vraiment rencontré la personne même de Jésus.

La grande question, la première question, ce n'est pas : « Comment actualiser ce passage d'Évangile ? » Ce n'est pas : « Comment le faire passer dans notre vie ? » C'est d'abord : « Seigneur, qui es-tu ? »

Lier connaissance, approfondir la connaissance. « *La vie éternelle*, dit Jésus (la vie éternelle dès maintenant), *c'est qu'ils te connaissent, Père, et qu'ils me connaissent* » (Jn 17, 3). La vraie lecture de l'Évangile commence par le désir de connaître Jésus pour l'aimer, et faire ensuite ce qu'il demande. Notre « faire » est faible parce que nous brûlons trop vite les deux premières étapes de la connaissance et de l'amour.

Dans la lecture rendez-vous nous resterons souvent au stade du « Que veux-tu me dire ? » Nous ne serons pas seulement devant des mots mais devant quelqu'un. Il est, il est mystère, il est amour, c'est lui qui nous dit cela. Cette écoute d'amour est importante, même si elle ne va pas jusqu'à « Que dois-je faire ? » L'Évangile nous travaille parfois le cœur et la tête, et donc nous change, sans que nous ayons quelque chose de précis à faire. C'est tout notre être qui s'imprègne de cette présence du Christ. Le « Que veux-tu me dire ? » nous ramène au « Qui es-tu ? », signe certain d'une vraie rencontre.

L'entendre dire à la Samaritaine : « *Si tu savais le don de Dieu !* » nous fait tressaillir. Lui le sait. Qui es-tu, toi qui parles ainsi des choses de Dieu ?

Le regarder face à la femme adultère nous transforme plus que mille discours sur le plus difficile des équilibres, quand il faut unir miséricorde et fermeté. « *Je ne te condamnerai pas. Va, ne pèche plus.* »

Cette insistance sur le « Qui es-tu ? » primordial ne supprime pas l'exigence d'une « pratique » évangélique, elle la renforce. Plus nous aimons le Seigneur Jésus, plus nous sommes attentifs à ce qu'il demande. Et il demande instamment le passage de l'écoute à la pratique. C'est même une des deux seules Béatitudes de Jean : « *Sachant cela, bienheureux si vous le faites !* » (Jn 13, 17).

Saint Zachée !

Quelle que soit notre manière de nourrir le rendez-vous, l'essentiel est de ne pas s'habituer à prendre l'Évangile comme simple « devoir de lecture » ou pour y chercher seulement une doctrine, une morale, et même une connaissance froide de Jésus Christ. C'est cette lecture impersonnelle, non engagée, qui devient fatalement ennuyeuse.

Danger aussi d'une étude non priée quand on prépare une homélie ou un partage d'Évangile. Le texte se dénature vite en souvenirs d'un homme mort. Ce qui faisait dire à Kierkegaard que la Parole de Dieu résonne alors à peu près comme le mot « coton ».

Pour qu'elle crie, pour qu'elle morde et brûle, je crois qu'il faudrait toujours s'approcher d'un texte d'Évangile comme Zachée en train de grimper sur son sycomore : « *Il cherchait à voir qui était Jésus, il n'y arrivait pas parce qu'il était petit* » (Lc 19, 3).

Voir, voir! Saint Zachée, patron des lecteurs de l'Évangile, donne-nous ton désir de voir Jésus, et ta fougue pour lancer un oui royal : « *Je donne aux pauvres la moitié de mes biens.* »

Voilà ce que je voulais décrire en parlant de « lecture engagée ». Nous ouvrons le Livre pour voir Jésus. Nous grimpons sur le sycomore des commentaires pour mieux voir. Jésus arrive : « *Je vais passer un moment chez toi.* » Préparons-nous alors à dire oui, Jésus n'entre pas pour rien.

Te rencontrer pour te suivre

Jésus attend notre chèque en blanc. Qui veut n'y risquer qu'un bout de chemin et un bout de cœur, qu'il ne dise pas : « Je veux te rencontrer. » Rencontrer Jésus, c'est le suivre et tout se joue dans un bref dialogue initial : « Suis-moi. — Je te suis. » Nous sommes ici dans l'adhésion inconditionnelle. Une réserve, une crainte, une condition, et cet homme subjugué qui allait suivre Jésus ne le suivra pas. Réfléchir sur de tels ratages, c'est mieux voir ce que signifie l'appel à rencontrer Jésus Christ. Grâce des grâces, et pourtant combien de fois gaspillée !

Réfléchir sur des ratages

On peut méditer l'histoire de l'homme riche qui se détourne, lourd et triste (Lc 18, 18-27). Ou la parabole des invités qui ont tant « d'excuse-moi » (Lc 14, 15-24). Mais je suis encore plus frappé par l'ensemble de Matthieu 8, 18-26, tellement c'est l'image de nos désirs, de nos tergiversations et de nos peurs.

« *Un scribe s'approche.*

— *Je vais te suivre partout où tu iras.*

— *Les renards,* dit Jésus, *ont des terriers, les oiseaux du ciel ont des nids; le Fils de l'Homme, lui, n'a pas où poser la tête.*

Un autre des disciples lui dit :

— *Seigneur, permets-moi d'aller d'abord enterrer mon père.*

— *Suis-moi, laisse les morts enterrer les morts.*

Ces mots sont durs. Suivre Jésus est dur. Sinon on croit l'avoir rencontré mais on rêve.

Après ces deux approches, Jésus monte dans une barque, Matthieu reprend le mot clé : ses disciples *le suivirent.* La barque est prise dans une tempête, et ils hurlent de peur : « *Seigneur, au secours, nous périssons !* » Jaillit alors la question étrange que nous devons recevoir nous aussi de plein fouet : « *Pourquoi avez-vous peur ?* »

Ils sont en péril de mort et il dit : pourquoi avez-vous peur ? On a là l'expression la plus forte de l'adhésion inconditionnelle, de l'adhésion-confiance, de la folle confiance sans laquelle il n'est pas possible de suivre vraiment le Christ.

Cette confiance accepte l'idée que le suivre ne supprime aucune tempête : il est là, il faut se fier à lui ou ne pas venir.

Vouloir le rencontrer pour le suivre, c'est bien autre chose que lire pieusement l'Évangile ou le disséquer scientifiquement, ou faire provision de petits conseils. Ces rencontres-là ne résistent pas aux coups de la vie et aux peurs. Un peu plus loin (9, 9), Matthieu nous donne le plus typique modèle d'adhésion : « *Jésus vit, assis au bureau des taxes, un homme qui s'appelait Matthieu. Il lui dit : 'Suis-moi'. Il se leva et il le suivit.* »

La grâce d'appel

Devons-nous donc lâcher notre vie ? Non, parce que Jésus est dans notre vie, on ne le rencontre pas dans les nuages. Le suivre signifie vivre ce que nous avons à vivre comme il veut que nous le vivions. Ce qui exige bien plus qu'attraper ici et là un bout d'Évangile. Ces bouts n'ont de force transformante que si nous arrivons jusqu'à la rencontre qui nous dresse prêt à tout vivre désormais avec lui.

Nous pourrons dire que nous avons rencontré Jésus quand nous lui ouvririons notre vie sans défendre un recoin, sans refuser une fibre.

Et le plus difficile est encore au-delà : nous arracher de nous-mêmes le oui qui totalise l'imprévisible de notre vie de demain. Aucun marché limité n'est possible avec Jésus. Il ne demande pas de le suivre pour ceci et pour cela, jusqu'ici et jusque-là. Il dit : « *Suis-moi.* »

La seule réponse (mais quelle rencontre pour y arriver!), c'est une inconditionnalité englobant notre vie entière : « Je veux tout vivre avec toi, ce que j'ai à vivre en ce moment et ce que j'aurai à vivre demain. » Avec toi signifiant, bien sûr, comme toi et par toi.

Un peu fou ? Tout à fait fou. Et extrêmement raisonnable. Cela dépend de la force de notre foi. Si notre foi est faible, Jésus ne peut pas faire grand-chose, et lire l'Évangile ne nous secouera guère. Je débusque ici la grande erreur : s'embarquer tout de suite dans une recherche intellectuelle ou sentimentale, alors qu'il faut d'abord réveiller, renforcer notre foi.

Seule la foi peut dire oui à une grâce d'appel comme celle que nous recevons quand nous avons fortement envie de rencontrer Jésus pour le suivre. La foi discerne que dans notre désir et dans notre oui, Jésus est premier et le sera toujours. C'est lui qui appelle, c'est lui qui aime le premier, c'est lui qui sait exactement ce que nous sommes et qui nous donnera la force de le suivre. Ne comptons ni sur notre lecture fine de l'Évangile ni sur nos battements de cœur. Comptons d'abord sur lui.

Jour après jour, il déterminera notre vie comme il déterminait celle de ses apôtres. Il se montrait terriblement exigeant : « *Ils étaient impressionnés, ils disaient : 'Qui donc peut être sauvé ?'* » (Mt 19, 25). Mais la grâce de le suivre s'adaptait à l'exigence. Si on croit cela, on peut s'exposer à sa plénitude effrayante : aime comme j'aime, sois libre comme je suis libre, affronte tout, mais demande tout.

Lorsqu'à la grâce d'appel répond une foi inconditionnelle, on a un disciple du Christ. Et une aventure commence, celle de François d'Assise ou de Thérèse de Lisieux. Et la nôtre ? Pourquoi pas ? En sachant bien que « Suis-moi » annonce un chemin, et le chemin de Jésus est connu, chemin de croix, chemin d'amour. Si nous ne lions pas très fortement la lecture de l'Évangile à notre foi et à notre courage, nous ne suivrons pas Jésus, nous n'aurons fait que rêver de loin à cette aventure.

Jésus est toujours nouveau

Une autre manière de rater la rencontre décisive, c'est d'enfermer le mystère de Jésus dans des mots trop vite dits et cadenassés. Même les plus sûrs comme *Messie* et *Fils de Dieu* doivent rester ouverts. Jésus est toujours plus nouveau que les mots. Il est toujours à connaître comme inconnu. Ses réponses sont toujours des questions : « Qui suis-je vraiment pour toi ? » Gardons-nous de le chercher en essayant de trouver le Jésus que nous voulons et que nous avons déjà défini.

Quand, dans mes recherches pour rencontrer le vrai Jésus, j'apprends qu'il est Messie, Fils de Dieu, Serviteur, Fils de l'Homme, je suis tenté de croire que je tiens Jésus dans ces définitions. C'est vrai qu'il comble les attentes de l'Ancien Testament comme Messie, et qu'il dévoile un inattendu inouï comme Fils de Dieu. Mais il est *Jésus*-Messie, *Jésus*-Serviteur, *Jésus*-Fils de Dieu. Ce n'est pas le titre qui le définit, c'est lui qui donne à des titres qui nous rassurent un contenu si nouveau qu'en réalité les mots craquent, aucun ne me permet d'affirmer : je sais tout de Jésus.

Je dois désirer une rencontre de plus en plus riche qui ne sera jamais une connaissance dominatrice et fermée comme lorsque je sais exactement ce qu'est un objet. Déjà un homme, je ne puis l'enserrer. Mais Jésus!

Les premières communautés croyantes l'ont d'abord regardé, remémoré, scruté, puis elles ont mis les mots, anciens et nouveaux, au service de ce qu'elles ressentaient et découvraient. De l'Évangile à l'Apocalypse, et ensuite dans les christologies, le « Qui suis-je ? » de Jésus a préservé ses disciples de resserrer et de fermer le mystère.

Ce que Dieu est en Jésus Christ, ce qu'il fait en Jésus Christ n'a cessé de se déployer au cours des siècles et se déploie en ce moment avec nos idées neuves sur sa Résurrection et sur son action dans le sens de la liberté, la justice, l'importance de la vie quotidienne.

Les efforts actuels des exégètes nourrissent la connaissance que notre époque a de Jésus Christ et donc le visage que prennent son appel et notre réponse. Et ce Jésus Christ à suivre aujourd'hui est aussi celui dont la présence et l'action se révèlent dans les combats pour l'homme, dans les nouveaux courages, dans les nouvelles façons collectives d'aimer nos frères malheureux.

Nous n'allons pas partir à la recherche d'un « toi et moi » qui, en nous enfermant avec un Jésus du passé et un Jésus de nos rêves, nous laisserait finalement seul avec nous-mêmes. Jésus de Nazareth est devenu immense. Sa rencontre nous donne le Père et l'Esprit et nous ouvre à notre monde d'aujourd'hui où il agit et où il nous demande d'agir. Le suivre, c'est s'engager dans son œuvre : « *Père qu'ils soient un !* » Œuvre d'amour, œuvre gigantesque quand on regarde le monde tel qu'il est. Vivre quelque chose avec Jésus c'est sortir du trop petit cercle de nos pensées, de nos peurs et de nos égoïsmes. Aucun appel à vivre puissamment, à faire de notre vie quelque chose qui en vaille la peine, n'est aussi fort que le « *Viens, suis-moi* » de Jésus.

Jésus selon Marc

Je te regarde

Quand j'ouvre l'Évangile selon saint Marc, je reçois le choc des premiers mots : « *Commencement de l'Évangile de Jésus Christ, Fils de Dieu* » (Mc 1, 1). Marc a rédigé tout son livre pour justifier cette affirmation énorme, inimaginable : Jésus de Nazareth est le Fils de Dieu.

Il a écrit un Évangile bref, pressé, une course vers le dernier cri : « *Vraiment cet homme était le Fils de Dieu !* » (15, 39).

Il veut enraciner en nous cette certitude, il ne veut que cela, nous convaincre qu'on peut miser sa vie sur Jésus parce qu'il est Dieu. « Si cet homme est vraiment ce que je vous dis de lui, n'allez plus chercher midi à quatorze heures, laissez les bavards, il n'y a qu'une nouvelle : Dieu a franchi ses frontières, il est venu chez nous, c'est Jésus, il faut vous inventer une vie avec lui. »

Lire l'Évangile selon Marc, non par morceaux,

mais d'une traite, c'est refaire une expérience unique : celle des premiers disciples qui marchèrent à côté de lui pendant des jours et des jours. Ils le regardaient, ils l'écoutaient, ils le voyaient vivre et ils étaient forcés de penser des choses extravagantes. Un homme ? Un homme ne peut pas avoir ce ton et ces pouvoirs.

Pour ne pas passer à côté de ce que Marc veut nous faire voir, il y a des habitudes à changer. Essayer de se retrouver neuf, vierge de ce que l'on sait déjà. Ne chercher que l'essentiel, une trajectoire de Jésus homme à Jésus Dieu. Laisser les détails, Marc se moque des enchaînements, des lieux et des temps. Voir les grandes étapes, s'attarder aux moments décisifs, aux phrases clés. Surtout ne jamais perdre le ton, le visage, le mystère de Jésus : « Regarde! Qui parle ? »

Adorer un homme ?

Les premiers chrétiens devaient faire face à quelque chose qui était normalement inacceptable, intolérable : adorer un homme, croire que Jésus le Crucifié était Dieu. C'était impensable pour les Juifs monothéistes, c'était une pente facile et dangereuse pour des païens habitués à fabriquer des dieux. Deux mille ans ont passé et c'est toujours notre problème : tantôt nous tirons Jésus Christ vers Dieu, mais il n'est plus vraiment un homme, tantôt vers le plus extraordinaire des hommes, mais il n'est pas vraiment Dieu.

Pour les chrétiens de sa communauté et pour nous, Marc reprend le cheminement le plus sûr, la progression des apôtres : les premiers étonnements, l'incompréhension, le lâchage, puis la joie et la foi à mort.

Quel chemin! Nous nous imaginons le Jésus décrit par mille voix, figuré par mille peintres, et toujours intériorisé par nous, d'une manière très personnelle mais un peu floue, dans son halo de mystère. Eux, ils voyaient un homme en chair et en os, ils étaient devant cet homme-là, tout simplement un homme comme eux. Ils étaient la bande du charpentier de Nazareth. Et ils sont arrivés à lui dire Messie, à l'adorer après sa mort et sa Résurrection, comme Seigneur, comme Dieu. Ils ont osé penser l'impensable : Dieu est unique et pourtant le Jésus avec qui nous étions est son Fils.

Personne ne refera jamais plus ce cheminement exactement comme ils l'ont fait, mais si nous ne le reprenons pas à notre manière, si nous nous jetons tout de suite sur des formules machinalement répétées, du genre « vrai Dieu et vrai homme », nous ne dirons que des mots sans contenu, et ces mots, reçus de l'extérieur et non nourris de notre contemplation personnelle, ne décideront pas de notre vie comme ils devraient en décider.

Ce que Marc nous inocule, c'est le réflexe de dire d'abord et toujours à Jésus : « Qui es-tu ? » Pour entrer dans le mystère insondable qui est le cœur, le roc, la source, le soleil de la religion chrétienne.

Ce mystère d'un homme Dieu restera pour nous un mystère, mais nous avancerons là où il faut avancer, l'Esprit pourra nous enseigner. Il ne le peut pas si nous négocions le mystère en construisant un Jésus plus clair que le vrai : « Il est cela puisqu'il est homme; il est cela puisqu'il est Dieu. » Mais qu'est-ce qu'un homme quand il est Fils de Dieu ? Et qui est Dieu s'il peut être Jésus de Nazareth ?

Marc me dit : laisse pour le moment tes déductions et regarde. Le mystère de Jésus n'est pas un assemblage de tes idées sur l'homme et de tes idées sur Dieu, c'est Jésus de Nazareth. Jésus existe et peut être contemplé. C'est de là qu'il faut partir. A force de le regarder par les yeux des apôtres, nous ne vaincrons pas le mystère mais nous pourrons en vivre. Seuls ceux qui regardent Jésus et qui en vivent apprennent des choses vraies sur l'homme, sur Dieu et sur les liens possibles entre un homme et Dieu.

Pour Marc, l'Évangile n'est pas un recueil de conseils, d'exemples et d'actions étonnantes, ou plutôt, dans tout cela, Marc dirige le projecteur sur cet homme étrange dont il faut percevoir l'étrangeté pour comprendre que les mystères de Dieu et de l'homme, et le salut de tous les hommes, ont maintenant un nom unique : Jésus Christ. Il ne s'agit pas d'abord de ce qu'il fait et de ce qu'il dit mais de ce qu'il est.

Aucune autre action de Dieu en faveur des hommes ne peut se comparer à cette décision : il nous a aimés jusqu'à devenir l'un de nous. Quand nous savons, quand nous croyons que Dieu a fait cela, nous savons qui est Dieu pour nous et ce que vaut pour lui un homme. Tout est gagné, tout est sûr puisque c'est sûr que nous sommes aimés. Marc ne le dit pas en belles paraboles, il dit seulement : Jésus de Nazareth est le Fils de Dieu. Mais celui qui reste longtemps devant cette parole joue ses chances de faire la rencontre de sa vie.

Comment Marc nous engage-t-il dans une contemplation aussi décisive ? Il met l'accent sur les regards. Jésus nous regarde. « *Jésus vit Simon et André* (1, 16). *En passant, il vit Lévi* (2, 14). *Jésus regarda l'homme et se prit à l'aimer* » (10, 21). Fréquenter Marc, c'est apprendre à rendre regard pour regard. Ne pas croire trop vite que nous avons beaucoup regardé Jésus. Blindés par le catéchisme, les sermons, des bribes d'Évangile, et peut-être beaucoup de livres, nous n'avons plus pour Jésus que des regards faibles. Le premier vrai regard peut naître du fameux verset 1, 27 sur le saisissement : « *Ils furent tous tellement saisis qu'ils se demandaient les uns aux autres : 'Qu'est-ce que cela ? Voilà un enseignement nouveau, plein d'autorité ! Il commande même aux esprits impurs et ils lui obéissent.'* »

Typique démarche de Marc : il ne nous dit pas ce que Jésus enseignait, il veut seulement que nous le regardions jusqu'à ressentir fortement son autorité. Jaillit alors la première des paroles clés de l'Évangile de Marc : « *Qu'est-ce que cela ? Qui est cet homme ?* » L'essentiel de Marc est dans ce 1, 27.

Tu n'as pas les vues de Dieu

Dans la foule, certains regardaient Jésus plus intensément et, de son côté, il les a distingués. Ils le suivent partout, ils lui disent Maître. Les voici avec lui sur le lac au moment d'une tempête. D'un mot il l'apaise. Ils le regardent, médusés : « *Qui donc est-il ?* »

On arrive à 8, 29, le verset charnière de cet Évangile. Cette fois, Jésus lui-même a posé la question du « qui » : et vous, demande-t-il au petit groupe des apôtres, vous qui êtes toujours avec moi et qui m'observez, *qui dites-vous que je suis ?* Réponse éclatante de Pierre : « *Tu es le Christ.* »

Et pourtant (c'est bien Marc !) pas de commentaires, pas de félicitations pour leur clairvoyance, pour leur acceptation de l'illumination intérieure, mais tout de suite un rude test : « *Je vais souffrir et mourir, puis ressusciter.* » Immédiatement, Pierre retrouve ses idées personnelles et il se révolte : *son* Messie ne doit pas souffrir et mourir. Explose alors la deuxième des paroles clés de Marc : « *Démon*, crie Jésus à Pierre, *tu n'as pas les vues de Dieu !* » (8, 33).

Évangile du chaud et du froid, du face à face avec un mystère tantôt attrayant et tantôt insoutenable. Cette scène avec Pierre divise si fortement le texte de Marc qu'il y a presque deux Évangiles : celui qui nous plaît, avec le Jésus de Galilée, les belles prédications et les miracles, les fleurs et le lac; et l'Évangile qui nous fait peur, le Jésus qui marche vers Jérusalem pour souffrir, mourir et ressusciter. Comme les disciples, nous n'entendons pas « ressusciter », nous butons sur « souffrir et mourir ».

Pourquoi souffrir, pourquoi mourir? Pourquoi Jésus a-t-il dû prendre ce chemin et pourquoi, même après sa victoire, la vie reste-t-elle si difficile, avec la mort au bout ?

Marc ne fait pas de théories, il montre Pierre en pleine ferveur : « *Tu es le Messie !* » Puis se faisant insulter : « *Démon, tu n'as pas les vues de Dieu !* » Et entre les deux cris, cette vision d'un Messie crucifié que des hommes comme Pierre ne pouvaient tolérer.

Et moi ? Il ne suffit pas de donner des titres à Jésus : tu es ceci, tu es cela. Facile, tant que nous restons dans des vues d'homme. Mais comment adhérer (je dis adhérer, je ne dis pas réciter ou prêcher) au mystère de Jésus selon les vues de Dieu : un Messie qui doit souffrir et mourir ?

Et même pas un Sauveur qui nous dirait : « Je vais tout faire et après, pour vous, ce sera commode. » Marc est très clair : chaque fois que Jésus annonce qu'il va souffrir et mourir, dans la même foulée Jésus ajoute qu'il faut prendre, nous aussi, ce chemin. Messie de peine, à suivre dans la peine. Inlassablement nous en refabriquons un autre. Ou si nous acceptons les vues de Dieu, c'est à condition qu'elles restent lointaines. Marc nous prévient : il faut y entrer et les vivre, sinon nous ne fréquenterons que le Jésus de nos goûts, c'est-à-dire personne.

A partir de 8, 35 *(« Qui perdra sa vie à cause de moi la sauvera »)*, nous savons que rencontrer le vrai Jésus, c'est affronter le quitte ou double de notre vie présente et donc éternelle : « Veux-tu rester dans des vues d'homme, ou auras-tu l'audace d'entrer dans les vues de Dieu ? »

Augmente ma foi !

Croire que Jésus est le Messie nous apporte beaucoup, mais pas assez pour croire qu'on gagne sa vie en la perdant (Mc 8, 35). On n'arrivera à l'admettre que si l'on va bien plus loin dans la découverte. Comment Jésus est-il si mystérieusement sauveur que, comme lui et par lui, on gagne sa vie en la perdant ? Quel est donc cet homme qui s'engage dans un étrange destin : « Je suis le Messie, mais je vais souffrir, mourir et ressusciter. » Et qui ajoute : « Il faut me suivre sur le même chemin. »

Pourquoi peut-on écouter inconditionnellement Jésus ?

Toujours pressé, Marc vient à peine de montrer Pierre illuminé puis démoli, qu'il le hisse sur la montagne de la Transfiguration pour la grande invitation à l'écoute : « *Celui-ci est mon Fils bien-aimé. Ecoutez-le !* » (9, 7).

« *C'est mon Fils* », voilà pourquoi on peut écouter et suivre inconditionnellement Jésus. Il est bien plus qu'un Messie sur-puissant à qui Dieu aurait donné de grands pouvoirs, il est celui dont Dieu peut dire : « *C'est mon Fils.* »

Accueillir lentement cette parole. Marc le pressé est aussi Marc le prudent. Il y a des mots qu'il faut laisser mûrir. « *Ne racontez à personne ce que vous avez vu* » (9, 9). Ils observèrent cet ordre, dit Marc, sans comprendre ce que Jésus avait ajouté : « *Ne dites rien jusqu'à ce que le Fils de l'Homme ressuscite d'entre les morts.* »

Ressusciter d'entre les morts... Quelle résurrection ? Quelle mort ? Comment s'y retrouver dans cet ensemble : un Messie — Fils de Dieu — qui doit souffrir et mourir ?

Tout est possible

Après la révélation de la montagne *(« Celui-ci est mon Fils »)*, Jésus essaie d'acclimater ses apôtres à l'idée d'un Messie bien plus déconcertant que le Messie de leur éducation et de leur imagination. On suit en eux le laborieux cheminement : accepter à la fois ce Messie faible puisqu'il doit mourir, et cette pensée impensable : « *Celui-ci est mon Fils.* » Des deux côtés l'avancée est difficile. En décrivant pas à pas les perplexités des apôtres, Marc enseignait à sa communauté, et il nous enseigne, l'approche des mots dont dépend notre vie : *Jésus, Christ, Fils de Dieu.* La difficulté n'est pas de répéter : « Je crois que Jésus est le Fils de Dieu », mais de voir ce qu'on dit et à quoi on s'engage quand, regardant Jésus, on ose dire : *Fils de Dieu.*

Marc nous fait expérimenter les fluctuations de la foi en nous plaçant à un autre poste d'observation : comment Jésus lui-même perçoit notre difficulté à croire. Par exemple, l'épisode de la guérison d'un enfant possédé (9, 15-29).

Le père explique : « *J'ai dit à tes disciples de guérir mon fils, ils n'en ont pas eu la force.* » La soudaine colère de Jésus peut surprendre si l'on n'a pas encore perçu à quel point sa sensibilité est à vif dès qu'il voit que des hommes vont passer à côté de son mystère : « *Engeance incrédule ! Je ne peux plus vous supporter.* » Et quand timidement le père revient à la charge : « *Si tu peux quelque chose* », Jésus éclate : « *Si tu peux ! Tout est possible en faveur de quelqu'un qui croit.* »

Comment ne pas entendre ? Mais comment te regarder ? Arriverai-je à croire ? A croire que tout est possible, puisque tu es le Fils ? Ce n'est pas de ton côté que les choses sont impossibles, c'est du côté de ma force de foi. Le père de l'enfant malade comprend très bien qu'il n'y a qu'une chose à dire : « *Augmente ma foi !* ».

Le face à face avec ce « tout est possible » me

fait progresser vers la grande révélation. Le possible et l'impossible sont des choses qui ne se discutent que devant Dieu. « *Tout est possible en faveur de quelqu'un qui croit* » sera éclairé par « *Tout est possible à Dieu* » (10, 27). Jésus transforme de l'impossible en possible, nous sommes devant l'action même de Dieu, et voilà notre foi : croire que ce qui est possible à Dieu est possible à Jésus parce qu'il est Dieu.

Les chemins d'angoisse

Mais il y a l'autre aspect du mystère : Gethsémani (14, 32-42) : « *Il commença à ressentir frayeur et angoisse. Il tombait à terre et il priait pour que, si possible, cette heure passât loin de lui.* » Pourquoi Dieu ne peut-il épargner à son Fils la douleur et la mort ? « *Père, écarte de moi cette coupe... A toi, tout est possible... Non ! Pas ce que je veux, mais ce que tu veux !* »

Les théologiens et les prédicateurs ont dit beaucoup de choses sur cette volonté du Père. Nous punir en son Fils, nous racheter en son Fils, nous pardonner en échange de ce sang. La seule lumière, c'est que cette souffrance de Jésus est la souffrance du Fils mais aussi la souffrance du Père, la souffrance de Dieu. Il y a dans la création, œuvre d'amour, d'incompréhensibles chemins d'angoisse par lesquels il faut passer. Dieu ne peut pas ne pas souffrir de nos souffrances, sinon que disons-nous quand nous disons qu'il est Amour ? Mais Dieu n'a pas pu nous épargner ces chemins : ni à son Fils, ni à nous. Je reste dans cette nuit-lumière : tu nous aimes, et il a fallu que ton Fils tombe à terre, et il faut que je tombe à terre. Augmente ma foi.

Pour que je sache bien voir que Jésus n'est pas Dieu qui joue à l'homme, il est Dieu qui va au bout de ce que doit endurer un homme, il touche le fond de la désespérance : « *Mon Dieu, mon Dieu, pourquoi m'as-tu abandonné ?* » (15, 34). Vraiment, entrer dans les vues de Dieu n'est pas facile. Regardant leur Messie dans cette angoisse ses disciples « *ne savaient que lui dire* » (14, 40).

Ils l'ont lâché. Eux! Ils ont sûrement appris qu'au cours du procès, le grand prêtre avait demandé : « *Es-tu le Messie, le Fils du Béni ?* » Jésus avait répondu : « *Je le suis.* » Mais jusqu'au bout, ils resteront devant les deux murs : un Messie qui souffre et meurt ? Un homme, extraordinaire certes, qu'il faudrait regarder comme... ?

Ce qu'ils n'osent imaginer, parce qu'ils sont juifs et que pour un juif Dieu ne peut être qu'un bloc d'unicité, Marc va le faire proclamer par un païen. Marc est missionnaire, il pense au monde païen qui croira en Jésus, il place tous les cris de foi qui jailliront au cours des siècles, mon cri de foi en ce moment, dans la bouche du centurion qui vient de voir comment Jésus est mort : « *Vraiment, cet homme était Fils de Dieu !* » (15, 39).

Marc a composé tout son livre pour arriver là : le mystère de Jésus est un ensemble d'humanité, de divinité et de mort.

Il est ressuscité

L'ultime étape est tout aussi mystérieuse et ce n'est pas le moment de nous laisser reprendre par de simples vues d'homme. Plus que jamais Marc est bref : voilà ce qui s'est passé, à vous de méditer. Les femmes vont au tombeau de Jésus. Elles y trouvent quelqu'un qui leur dit : « *Vous cherchez Jésus de Nazareth, le crucifié ? Il est ressuscité.* » Un des plus puissants raccourcis de Marc. *Le crucifié est ressuscité.* Et le silence. Laisser mûrir le mot incroyable : *ressuscité.* Le texte même de Marc s'arrête là et se perd dans l'inouï : « *Elles ne dirent rien à personne car elles avaient peur* » (16, 8).

Une dernière fois, Marc m'avertit : n'avoir pas ce tremblement devant les vues de Dieu et les actions de Dieu, c'est n'avoir pas cheminé comme ceux qui franchirent les premiers ces étapes et qui passèrent d'un agréable compagnonnage à l'acceptation de l'impensable: ce Jésus qu'ils avaient fréquenté était le crucifié-ressuscité, homme et Dieu. C'est tout cela qui faisait de lui le Messie sauveur.

Mais ce salut dépend de notre foi. L'auteur de l'épilogue (16, 9-20) du livre de Marc me demande d'éprouver le sérieux de ma foi.

A six reprises, il est question de croire ou ne pas croire. Croire trop facilement n'est pas le chemin des apôtres : « *Entendant dire que Jésus vivait et que Marie de Magdala l'avait vu, ils ne la crurent pas.* » Ils ne crurent pas non plus les deux d'Emmaüs. Alors « *Jésus se manifesta et leur reprocha leur incrédulité* ».

Mais à peine finis les reproches, Jésus bâtit tout l'avenir sur ces « incrédules » : « *Allez proclamer l'Évangile ! Celui qui croira sera sauvé.* » Ayant passé par toutes les étapes de l'étonnement, ils vont croire jusqu'à perdre leur vie pour la gagner. Croire que toi, Jésus, le charpentier de Nazareth, tu es le Fils de Dieu crucifié et ressuscité. « *Celui qui croira tout cela sera sauvé.* »

Jésus selon Matthieu

Tes préférés

« *Mettez-vous à mon école, je suis doux et humble de cœur* » (Mt 11, 29). J'ai détesté cette parole, j'ai déchiré les images de Jésus trop doux. Mais quand, maintenant, on me le peint en guérillero, je me sens rejeté vers la douceur. « *Il ne cherchera pas de querelles... Il ne brisera pas le roseau froissé... Il n'éteindra pas la mèche qui fume encore...* » (12, 19-20).

La douceur de Jésus, c'est la douceur des non-violents authentiques : indomptable, mais, s'il le faut, passionnée. De la bouche de ce doux, Matthieu fait jaillir un torrent d'injures : « *Hypocrites ! Sépulcres blanchis ! Engeance de vipères !* » Un chapitre entier, le 23, est sur ce ton. Et quand il enseigne (il enseigne beaucoup), le Jésus de Matthieu ne chuchote pas des confidences, il crie sur la montagne avec la force qu'il faut pour retourner les foules.

Doux de cette façon, je m'y fais. Et aussi à « humble de cœur ». La vie m'a appris que toutes nos humilités sont fausses. Celle de Jésus est vraie. Il a pu être à la fois angoissé et fort (« *Il commença à ressentir tristesse et angoisse.* » *Il leur dit* : « *Levez-vous, allons !* » 26, 37 et 46), royal et humble (« *Ton roi vient à toi, humble et monté sur une ânesse* » 21, 5), d'une autorité jamais vue et pourtant un homme simple et modeste. Ce doux et humble qui enseigne avec force est la seule voix que je puisse accueillir sans armes ni défense. « Parle, la vie est difficile. Parle, dis-nous comment vivre. »

Dieu est pour eux

Par Matthieu 5, 3-12, j'apprends qu'il faut vivre dans la lumière des béatitudes mais je ne les ai comprises que lorsqu'au lieu de m'hypnotiser sur la liste des béatifiés (pauvres, doux, affligés, etc.), j'ai vu ce qui leur arrivait : Dieu est à eux, Dieu est pour eux.

La Bonne Nouvelle, c'est que Dieu va agir comme jamais encore il n'avait agi. Les hommes désignés par les béatitudes pourront avoir avec lui une relation proche, juste, chaude. Les béatitudes sont l'hymne de la bienveillance de Dieu : il est le Seigneur des pauvres et des persécutés; il consolera ceux qui pleurent, il rassasiera les affamés de justice, il se montrera aux cœurs purs, il appellera « fils » les pacifiants.

Lorsque Jésus dit : « *Le Règne des cieux s'est*

approché » (4, 17) et « *Le Règne de Dieu vient de vous atteindre* » (12, 28), je me sens atteint par cette révélation première : en Jésus, Dieu arrive, se fait proche, agit pour nous, dès maintenant.

La révélation seconde est aussi extraordinaire : les préférés de Dieu, ce sont des méprisés et des gêneurs. Qui choisirait pour compagnie leur pauvreté, leurs larmes ou leurs combats ? Dieu.

Comment regarder Jésus quand je l'entends dire cela ? Qui sont mes préférés ? Et suis-je moi-même en état d'être préféré par Dieu ? Alors quoi ? Me déguiser en pauvre, chercher les larmes et la persécution ? Erreur courante : on rêve *d'abord* à ce qu'il faudrait entreprendre pour devenir l'homme des béatitudes. Mais c'est *d'abord* l'affaire de Dieu.

Avant tout les béatitudes me révèlent Dieu. Elles me disent ses goûts, sa manière de discerner ceux à qui il veut donner le Royaume, c'est-à-dire ceux avec qui il peut établir la relation à laquelle il pense depuis toujours : « *Vous deviendrez un peuple pour moi, et moi je deviendrai Dieu pour vous* » (Jr 30, 22).

Bienheureux les pauvres

L'homme à qui Dieu peut offrir le Royaume, c'est essentiellement l'homme de la première béatitude, porte de tout l'Évangile : « *Bienheureux les pauvres.* »

Je ne me ferai pas pauvre, Dieu me fera pauvre, quand j'aurai été vraiment atteint par la parole de Jésus. Pourquoi ne pas essayer, en ce moment, de la recevoir dans toute sa provocation ?

Le Jésus de Matthieu, le Jésus vers qui je vais comme on va vers des révélations décisives, le voici filmé : « *A la vue des foules, il gravit la montagne, il s'assit. Les disciples se rapprochèrent de lui. Et il ouvrit la bouche pour enseigner* » (5, 1-2).

Ne pas lire la suite trop vite. Vivre ce suspense qu'a su créer l'évangéliste. Dieu, pour nous enseigner, a préparé la bouche de Jésus, l'intelligence de Jésus et sa vision du monde. Et quel sera, par Jésus, le premier mot du Sermon de Dieu ? « *Heureux les pauvres.* »

Pourquoi n'ai-je pas ajouté tout de suite « de cœur » ? *Heureux les pauvres de cœur.* Parce que, justement, c'est un ajout, c'est Matthieu qui médite la parole de Jésus. Mais avant d'en venir là je crois qu'il faut se laisser pénétrer par ce qui ne m'a pas encore pénétré, qui ne me pénétrera jamais sans une insigne grâce : croire que seule la pauvreté donne des chances d'être heureux. La raison est claire : seule elle nous établit dans une juste relation avec Dieu.

Dieu donne. Nous ne pouvons être devant lui que puissant en demande. Celui qui lit l'Évangile dans cette lumière le lit pour la première fois.

Par exemple, cet avertissement terrible (Mt 19, 23-25), où Jésus se fait cruel à cause même de la vérité qui est cruelle : « *Croyez-moi, un riche entrera difficilement dans le Royaume.* » Il insiste : « *Il est plus facile à un chameau de passer par un trou d'aiguille qu'à un riche d'entrer dans le Royaume de Dieu.* » Matthieu précise que les disciples étaient « *très impressionnés* ». Nous ? Pas tellement. Nous nous amusons avec l'image : le chameau, l'aiguille. C'est pourtant bien nous devant le Royaume. Devant, pas dedans. Nous sommes trop gros pour entrer, jusqu'à ce qu'une pauvreté nous atteigne : difficultés matérielles, maladie, malheur, insatisfaction, chaînes d'un péché. Alors nous devenons le pauvre pour qui Dieu peut être Dieu.

Religion de mendiants, de masochistes ? Dois-je vraiment entrer dans ce monde inquiétant et tordu ? Dire que le noir est blanc, qu'être pauvre et pleurer, c'est la joie ?

Il y a deux manières de supporter cela : je laisse glisser, ou je regarde *qui* me dit des choses pareilles. La bouche de Dieu. Je suis invité aux splendeurs, aux folies et aux mystères du Royaume par le seul qui est dans l'exacte relation avec Dieu et qui, pouvant en parler, m'affirme : « Heureux celui qui croit à la présence active de Dieu dans sa vie, et qui demande parce qu'il est pauvre. »

Mendiant ? Oui, mais de Dieu. Masochiste ? Non, encore mendiant pour demander de quoi vivre le malheur comme bonheur ou comme chemin de bonheur. Des secrets de Dieu. J'ai tellement besoin qu'on m'enseigne ces secrets.

Jésus, je t'écoute. Pas seulement pour ta sagesse. Je me détournerais d'un sage qui me dirait :

« Heureux les pauvres, les affligés, les persécutés. » Je t'écoute, toi, parce que tu sais les choses du Royaume, parce que tu as vécu ce que tu dis et tu l'as signé de ta mort, parce que tu peux me donner de vivre tes plus difficiles conseils. Quel maître de sagesse est tout cela ?

Pauvres de cœur

En ajoutant « de cœur », Matthieu nous dit de quelle manière nous devons vivre cette béatitude. Ce n'est pas la pauvreté en elle-même qui nous rend heureux, c'est l'amour qui naît d'elle.

Je vis une pauvreté « de cœur » quand, tout en ressentant fortement ma pauvreté, matérielle ou morale (peut-être les deux), je ressens aussi fortement que Dieu est pour moi, que je puis tout attendre de lui.

Alors j'éprouve la joie d'être pauvre, pourvu que Dieu soit là. Aucun homme ne peut de lui-même entrer dans la joie très particulière (joie d'amour) qui consiste à tout attendre de Dieu. Cette béatitude est un don, il suffit de penser à François d'Assise. Dès que je fais les premiers pas dans le bonheur d'être pauvre, je puis être sûr que j'ai reçu de Dieu un des dons du Royaume. Don d'amour, la pauvreté se vit dans l'amour et renforce l'amour, c'est pour cela qu'elle est béatitude.

Il me reste à vivre et à progresser dans cette pauvreté de cœur, ce qui signifie que toute pauvreté doit me remettre face à Dieu. Ce n'est pas facile, ma suffisance reviendra vite, et plus simplement la tendance instinctive à m'en sortir seul. J'aurai à redemander souvent la pauvreté de cœur. Et j'arriverai peut-être à la source la plus profonde des comportements évangéliques : demander sans relâche pour vivre ce qui est à vivre.

Que je ne comprenne pas pourquoi notre Père des cieux nous laisse dans telles larmes, dans telles angoisses, fait partie de la pauvreté. Il nous manque de savoir pourquoi créer l'homme entraînait la souffrance et la mort. Et de savoir comment cette souffrance et cette mort sont finalement des chemins de joie.

Je sais seulement que si Jésus ose dire « *Heureux* », c'est que dans n'importe quelle situation de pauvreté, on peut attendre Dieu, et Dieu vient. « Heureux, parce que Dieu est pour toi, tu vas vivre quelque chose avec lui. »

As-tu refait une loi?

Les béatitudes nous disent les préférences de Dieu : « Tu es pauvre ? Je te préfère pauvre, je te donnerai la force et la joie des pauvres. » Mais l'exigence n'est pas loin : « A condition que tu veuilles vivre en vrai pauvre de cœur. » En marquant ce lien entre ce que Dieu donne et ce qu'il exige, Matthieu est fidèle à l'enchaînement si biblique entre le don et la loi : parce que je vous aime, je vous donnerai de quoi tout vivre en plénitude, mais il faudra le vivre! Et donc voici mes commandements. Rien d'arbitraire : ce que Dieu veut de nous, c'est le meilleur pour nous, mais s'il nous lance par le don, il doit nous pousser par les commandements. Lui seul sait à quel point nous sommes capables de grandes choses quand nous utilisons ses dons. « *Le Puissant fit pour Marie des merveilles* » et, en retour, Marie fut pour lui une merveille. Voilà le jeu entre lui et nous.

Nous ne sommes pas très chauds pour le jouer. Cet enchaînement de ses dons, de ses exigences et de notre courage, même si c'est un enchaînement d'amour, il nous fait peur. Je ressentais fortement cela autrefois en lisant les vies de saints, et maintenant en admirant des vies héroïques. Des vies debout dans le handicap, le deuil, le cancer, la torture, l'engagement fraternel. Ces courages m'exaltent sans que je puisse étouffer l'appréhension : suis-je bâti pour tant d'amour de la part de Dieu, mais aussi pour tant d'héroïsme de ma part ?

Se convertir ?

C'est pourtant ce que va me demander le Jésus de Matthieu, le Jésus du *Sermon sur la montagne*. Le sermon le plus exigeant qu'on ait jamais entendu, le plus impérieux *(« On vous a dit, moi je vous dis »)*, le sermon le plus clair, le plus utile et le moins pratiqué. Parce que Jésus y développe une exigence qui nous fait peur et qui fut sa première parole : « *Convertissez-vous* » (4, 17). Autrement dit, changez complètement de mentalité, construisez votre vie sur des motivations très différentes de celles qui, peu à peu, se sont mises à commander vos comportements.

Sans cette idée de « conversion » au sens fort, le *Sermon* n'a pas son vrai mordant. Pour se préparer à écouter Jésus d'une manière décisive, il faut redonner du vif à la résolution des résolutions : se convertir.

Ce qui ne signifie pas que nous allons enfin nous convertir par une magnifique décision de notre volonté. Ce n'est pas du tout ce que dit Jésus dans l'annonce à laquelle il faut souvent revenir : « *Le règne des cieux s'est approché.* » C'est cette approche, et non notre volonté, qui nous donne la possibilité de nous convertir. A nous de saisir la chance, et voilà le rôle de notre volonté. La vie chrétienne c'est cette dialectique, cette interaction du don de Dieu et de notre courage. L'erreur fréquente est de ne penser qu'au don ou qu'au courage.

En Jésus, c'est d'abord Dieu qui s'approche, c'est lui seul qui peut nous convertir et nous donner la force de vivre cette conversion. A ces dons devra répondre notre courage et Dieu y compte bien. Mais il ne faut pas se polariser immédiatement sur notre courage, et c'est pourtant ce mouvement qu'éveille en nous l'idée de se convertir. Quand ? Comment ? Que faire ? Est-ce que j'y arriverai ? Non, ce ne sont pas de bonnes questions si elles sont premières, et donc imbibées de suffisance. Notre désir de conversion doit nous jeter d'abord et toujours devant Dieu : donne-moi de quoi me convertir.

Nous le savons bien (nous le connaissons le terrible *Sermon sur la montagne* !) Jésus va nous demander des choses impossibles. Qu'est-ce que cela signifie ? Qu'il est l'unique prédicateur capable de donner de quoi accomplir ce qu'il demande. Écouté autrement, sans cette certitude que les combats pour Dieu ne peuvent être livrés qu'avec le ravitaillement de Dieu, le *Sermon sur la montagne* ne changera pas ma vie.

Jésus sait ce que veut le Père

Si je me mets à étudier le texte du *Sermon* comme un cours de morale, en le détachant de Jésus, j'en fais une morale que je ne pratiquerai jamais. Un professeur de morale peut-il obtenir de moi d'aimer mes ennemis ? D'être parfait comme Dieu ? Jésus ose nous proposer ces folies parce qu'il part d'une offre surprenante : Dieu est là pour vous. Il peut en déduire des conséquences évidemment surprenantes : convertissez-vous, changez, attaquez l'impossible.

En écoutant le *Sermon* sans lâcher Jésus des yeux, je n'enregistre pas une leçon, je regarde un modèle. Plus ses exigences sont grandes, plus je dois le fixer intensément : il ne me conduit pas vers des prouesses de héros mais vers ce qu'il vit, vers des comportements de fils (« *Soyez vraiment les fils de votre Père qui est aux cieux* » 5, 45). Il ne me livre pas à une loi mais à l'amour. Qui n'est pas sans lois, mais elles sont secondes, et inexplicables, inobservables si je ne vois pas bien que Jésus veut d'abord me donner un premier réflexe, une sorte d'hypothèse de départ pour toute action et pour toute situation : cherche comment aimer.

Il n'enseigne pas des choses théoriques, sa parole surgit d'une existence qui s'enracine à la fois chez les hommes et en Dieu. Homme, il est juif, ce que Matthieu accentue. La Loi est la seconde peau d'un Juif. Jésus n'imagine pas qu'on puisse vivre sans préceptes : « *N'allez pas croire que je suis venu détruire, je suis venu accomplir* » (5, 17). Mais accomplir avec quelle incroyable liberté ! Il rectifie telle exigence, en pousse une autre à l'extrême, en partant de ce qu'il voit vivre autour de lui *(« Ne faites pas comme... »)* et de ce qu'il vit : « *Ne vous inquiétez pas pour le lendemain, le lendemain s'inquiétera pour lui-même* » (6, 34). Et surtout il va directement à ce qui commence et se trame « *dans le cœur* » (5, 28). Enfin, de l'énorme maquis des observances, il dégage la règle d'or, sommet de la sagesse antique, de la Loi juive et de la nouvelle loi d'amour : « *Tout ce que vous voulez que les autres fassent pour vous, faites-le pour les autres* » (7, 12). Il sait à quel point nous désirons être aimés et il demande la grande conversion : « Aimez comme vous voudriez être aimés. »

C'est déjà une profondeur qui étonne chez ce charpentier de trente ans. Mais le *Sermon* révèle plus, et plus mystérieux. Jésus atteint la source même de la Loi par une expérience directe de ce que Dieu doit exiger des hommes s'ils veulent être ses fils. Relisez tout le *Sermon*, vous verrez qu'en parlant Jésus devient la Loi, une nouvelle loi qui dit, comme aucun homme jusqu'ici n'avait pu le dire, ce que désire le Père. Jésus est le Fils qui seul connaît le Père et donc comment on peut être son fils : « *Nul ne connaît le Père si ce n'est le Fils et celui à qui le Fils veut bien le révéler* » (11, 27). Ne jamais lire l'Évangile sans penser à cela : Jésus sait ce que veut le Père.

Un programme affolant ?

Le Père veut que nous soyons ses fils parfaits en étant entre nous des frères parfaits. Du *Sermon sur la montagne* jusqu'au suprême enseignement du jugement dernier (25, 31-46), le Jésus de Matthieu lie étroitement les deux amours : « *Tu aimeras Dieu... Tu aimeras ton prochain... C'est toute la Loi* » (22, 37-40).

Dès qu'ils sont réellement vécus, ces deux amours ne sont ni concurrents ni même juxtaposés, ils tissent ensemble la même étoffe d'amour, le fil de l'amour envers le Père croise toujours le fil de l'amour envers les frères. Même si je ne le sais pas (« *Quand m'est-il arrivé, Seigneur, de te voir affamé et de te nourrir ?* » 22, 37), en aidant mon frère, j'atteins Dieu. Et même si mes frères ne le voient pas (« Qu'est-ce qu'elles font ces carmélites dans leur couvent ? »), en priant le Père j'aide mes frères. L'idée d'un conflit entre les deux amours est purement imaginaire. On ne se pose ces questions que parce qu'on n'est pas encore entré dans l'amour.

Jésus, finalement, ne prêche que l'amour, mais il en tire toutes les conséquences : si tu aimes, tu ne peux plus jouer à paraître, tu ne peux plus calculer jusqu'où tu iras dans tes pardons et ta non-violence, tu es nu devant le Père qui voit dans le secret, tu es sans défense devant les exigences illimitées de l'amour (5, 38-48; 6, 1-8).

On pourrait croire que Jésus refait une loi : « *On vous a dit, moi je vous dis.* » Oui, il y a des paroles à mettre en pratique : « *Tout homme qui a entendu mes paroles et qui les met en pratique, je le compare à quelqu'un d'astucieux qui a bâti sa maison sur un roc* » (7, 24). Et il y a des impératifs : faites ceci, ne faites pas cela. Mais c'est toujours pour incarner l'amour. Inutile de répéter rêveusement « aimons-nous », si l'on se dérobe aux très précises exigences de l'amour. Jésus est tout le contraire d'un rêveur. Son mot préféré est : faites-le.

On imagine parfois que rejeter le légalisme est une grande révolution. Non, la révolution c'est de choisir l'amour. Et d'accepter ses commandements, qui sont moins précis que les lois et les règlements mais bien plus dévorants. On s'en doute et on est assez tenté de tricher, au moment même où on se dégage à bon droit du légalisme. On crie : liberté! Que tout désormais soit fait par amour! Mais on reste prudemment aux abords sans plonger dans cet abîme.

Qui écoute Jésus ne peut plus tricher. Tous les conseils du *Sermon* sont des avancées vers l'amour. Si nous aimons le Père, nous trouverons le ton juste de notre prière. Si nous aimons notre frère, nous perdrons tout naturellement l'habitude de regarder la paille dans son œil en oubliant la poutre du nôtre. Si nous aimons Dieu et nos frères, nous ne pourrons plus aimer l'argent (6, 9-13.24; 7, 1-5). Jésus décrit une vie unifiée par une seule question : que me demande ici l'amour ? Voilà où était la conversion.

Irréalisable ? Affolant ? Oui, s'il était question de se lancer seul dans un tel harcèlement : aime, aime, aime. Mais Jésus nous dit : « Demande », Demande d'aimer, passe toujours par la demande. Le *Notre Père*, que Matthieu a placé au cœur du *Sermon*, est une école de la demande : « Donne-nous aujourd'hui le pain dont nous avons besoin. » Donne-nous aujourd'hui l'amour dont nous aurons besoin.

Je te vois si passionné par le Royaume

Le Jésus de Matthieu, c'est l'homme qui, en l'an 27, dans un petit pays oriental occupé par les Romains, s'est mis à crier : « *Le Règne de Dieu est arrivé !* » Vouloir fréquenter Jésus sans voir qu'il est le héraut du Royaume de Dieu nous maintiendrait loin de lui. Il n'est pas l'ami à retrouver en duo, il est le Fils qui nous entraîne dans le prodigieux dessein du Père : faire avec les hommes de tous les temps et de tous les lieux un peuple pour l'éternité.

Que ton Règne vienne !

A la fin, c'est par Jésus Christ que Dieu sera « *tout en tous* », ce qui est une des définitions du Règne : « *Quand toutes choses lui auront été soumises, alors le Fils lui-même sera soumis à*

Celui qui lui a tout soumis pour que Dieu soit tout en tous » (1 Co 15, 28). En Palestine, Jésus est le commencement du Règne, il sait que par lui « *le Règne de Dieu s'est approché* » (4, 17).

Pour marquer ce nouveau seuil de l'histoire du monde (on peut compter quatre seuils : la création, l'incarnation, la résurrection, la parousie), Matthieu reprend au début de son Évangile la phrase des grands commencements : « *Livre de la chaîne généalogique de Jésus* » (1, 1). Comme au début de la Bible, on lit : « *Livre de la chaîne généalogique d'Adam* » (Gn 5, 1). Jésus est le nouvel Adam, initiateur d'un peuple. Il est le nouveau Moïse, organisateur du peuple.

Dans ces grands horizons, Matthieu nous fait contempler trois visages de Jésus : le Messie du royaume annoncé par les Écritures, le Prédicateur du Royaume, le Ressuscité qui envoie ses disciples comme missionnaires du Royaume.

Celui qui veut vivre quelque chose avec Jésus est vite brûlé par sa passion pour le Royaume : « *Que ton Règne vienne !* » Dans la communauté chrétienne, et par la mission qui élargit les espaces du Règne. Il faut toujours méditer Matthieu sur écran large, imaginer en fresques géantes les desseins de Dieu.

D'abord Israël, le peuple de la longue attente. Puis Jésus et les trois années les plus décisives de l'histoire du monde : il prêche, il agit, il meurt, il ressuscite, il a fondé et il envoie l'Église. Alors commence la marche de l'humanité vers l'éternelle communauté de joie avec Dieu. Le Royaume, déjà là mais seulement et mystérieusement ensemencé, éclatera dans sa réussite dernière comme œuvre et don de Dieu.

La grande décision

Pour prêcher le Royaume, Jésus a si largement et si originalement utilisé les paraboles qu'on peut faire toute une découverte de lui en prenant ce chemin, à condition de se faire beaucoup aider par les exégètes.

Par exemple, les Talents (Mt 25, 14-30). Avec cette parabole on m'a prêché l'horreur de la paresse, la diversité des dons de Dieu, les sanctions éternelles. Bonne prédication. Elle correspond à la très normale utilisation des paraboles par les premières communautés chrétiennes : elles les lisaient en pensant à Jésus ressuscité et en lui demandant comment vivre.

Mais il est intéressant de rechercher la première version des paraboles, les idées mêmes de Jésus. Pour lui, l'important c'était de se décider à fond pour le Royaume. Avant d'entrer dans les détails de la vie, opérer le choix puissant qui va déterminer toute la vie. C'est là que les exégètes nous aident à découvrir et à écouter le Jésus de la grande décision.

Ici, dans les Talents, il dénonce justement le

manque de décision, il braque le projecteur sur le troisième homme craintif qui n'est pas assez fou de Dieu pour tout oser, et qui enfouit la Parole, en la rendant inefficace. C'est une prédication de combat! Jésus attaque les chefs religieux, les scribes, les pharisiens : vous gardez précautionneusement l'ancienne Parole, vous refusez la Bonne Nouvelle, vous empêchez les petits, les pécheurs, de se décider pour le Royaume.

Dans l'utilisation « morale » de cette parabole, je fais une sorte de partage d'Évangile avec Matthieu et sa communauté. Ils ont adapté ce texte à leur vie et je peux en profiter parce que c'est la respectueuse méditation de l'Église sur la Parole de Jésus. Je puis m'y fier, j'ai la garantie de l'Esprit, et j'ai le droit moi aussi d'adapter à ma vie cette première adaptation. J'y gagne.

Mais j'y perds si je ne fais pas une autre démarche : écouter directement Jésus. Le regarder en train de secouer ses opposants. C'est un Jésus à connaître! Je perdrais beaucoup à ne pas l'approcher tel qu'il réagissait, sur le vif, en utilisant des faits, des histoires du moment. Par exemple celle du gros richard qui avait organisé un formidable banquet. A la première minute, ses invités l'avaient dédaigné et il rugissait : « *Allez m'en chercher d'autres !* » (22, 1-4).

Là encore Matthieu médite, introduit le vêtement de noce et une autre réflexion de Jésus sur le peu d'élus. En m'égarant dans tout cela, je risque de ne pas entendre assez fort le grand cri : « *Venez, tout est prêt ! Vous ne voulez pas ? Eh bien ! d'autres viendront.* »

Jésus qui invite et qui menace parce qu'il sait ce que vaut l'invitation, quel manque s'il ne m'atteint pas de plein fouet! Ne suis-je pas du côté de ces « justes » qui l'écoutaient effarés et choqués ? Qu'est-ce que c'est que ce Royaume où entrent les va-nu-pieds, les exploiteurs, les prostituées ? Et dont nous serions rejetés, nous ? Et comment ose-t-il, ce Jésus, représenter dans une autre parabole le Très Haut comme un patron injuste ? C'est malin de payer autant que les autres des ouvriers qui n'ont travaillé qu'une heure!

Au lieu d'atténuer le choc, laissons les paraboles nous surprendre et parfois nous blesser. Pour cela, les commentaires des exégètes sont précieux[1], ils redonnent la vigueur du thème essentiel, ce qu'ils appellent « la pointe ».

C'est la fête !

Le premier thème de Jésus c'est la fête, une telle invitation à la joie que le monde n'avait jamais entendu ça : le Règne est là, c'est la noce! La moisson, la vendange, le vin nouveau, le manteau neuf, les bourgeons d'un étonnant printemps, la

1. Par exemple, *Les Paraboles de Jésus*, par Jérémias (Livre de vie).

fantastique remise des dettes, l'inimaginable pardon. Quel Jésus écoutons-nous, quel Jésus fréquentons-nous si nous ne sommes pas saouls de cette joie, si nous n'enivrons pas le monde ?

Deuxième prédication aussi simple, aussi forte, aussi radicale : la Perle, le Trésor (13, 44-46). Vendez tout pour acheter le Royaume. Regardez bien vos valeurs et comparez : vous avez trouvé mieux. Surtout ne parlez pas de sacrifice mais de joie : « *Dans sa joie, cet homme vend tout pour le trésor* » (13, 44).

Très joli tout ça, et pourtant en moi les objections grondent. Je n'ose dire à Jésus qu'il se trompe sur la joie, mais je ne peux pas accepter cette idée qu'il n'y a qu'une joie et qu'il faut tout vendre pour elle.

Suis-je aveugle ? J'ai du mal à admettre, au sens vital, pratique, que le Royaume est le trésor. Peut-être suis-je de ceux que les paraboles rebutent : « *Ils entendent sans entendre et sans comprendre... pour ne pas se convertir* » (13, 13 et 15). La parabole n'est pas un enseignement direct. Limpide quand l'adhésion est généreuse, elle devient opaque pour les réticents. Je me sens réticent. Je sais tellement ce qui m'arriverait si je m'offrais poitrine nue aux paraboles.

Qu'arriverait-il ? Je livrerais enfin ma vie à cette conviction que le Royaume c'est le trésor, c'est la joie, parce que Dieu est bon.

Ceux qui très vite se dressèrent contre Jésus refusaient l'idée que Dieu est bon comme Jésus le montrait. Cela peut paraître incroyable, mais après deux mille ans d'Évangile, nous restons sur la défensive : Dieu ne peut pas pardonner à ce point! Au nom même du Dieu de Jésus nous pensons, nous, qu'il y a des tas de choses impardonnables : cette femme, cet homme, ce jeune, c'est inacceptable, ils se sont mis en dehors de l'Église, il y a des lois tout de même, il faut de l'ordre, une justice.

Mais la joie de Dieu quand il retrouve la brebis perdue ? Il veut la retrouver, coûte que coûte. La retrouver, c'est cela qui compte, et il en tremblera de joie. Pourquoi, dit Jésus, refusez-vous que Dieu soit si bon ? (20, 15). Vous ne connaîtrez Dieu que lorsque vous partagerez son amour pour ses enfants perdus.

Dieu est bon. C'est la plus simple et la plus grande idée de l'Évangile. Mon refus d'être totalement retourné par les paraboles de la bonté, d'où vient-il ? Est-ce qu'on n'a pas su me révéler Dieu ? N'est-ce pas plutôt que je défends ma peau ? Je vois tellement se préciser l'inéluctable conséquence : être bon comme Dieu est bon.

Opte tout de suite

C'est fou de s'abandonner à l'étrange et invivable Royaume. Jésus a bien senti cette réaction : comment croire à un Royaume dont les commencements paraissent si petits ? Il a multiplié les paraboles sur ce sujet. Oui, Dieu est puissant, il se passe dès maintenant de grandes choses, mais pas comme vous les imaginez. Malgré de très petits débuts, le Royaume arrivera, immense. Pensez au grain de sénevé, au levain, au semeur que rien ne décourage. Croyez à la puissance de la vraie prière sur la puissance de Dieu.

Soyez des obstinés du Règne qui n'est finalement que la volonté du Père. Mais ne cherchez pas cette volonté seulement dans des prescriptions précises, des lois figées. Dieu est vivant, vous êtes vivants. Attendez-vous à vivre du nouveau, apprenez à reconnaître les signes des temps. Et soyez tenaces.

Jésus a aimé décrire les tenaces, les persévérants, les toujours prêts. Il rudoie ceux qui disent : demain. Demain ? Dieu vient comme un voleur (24, 43). Pour être sûr d'avoir opté à temps pour le Royaume, opte tout de suite.

Je veux chercher ta présence dans nos communautés

Les Douze. Première communauté évangélique. La communauté de Jésus. J'essaie de les imaginer. Si disparates ! Ce collabo de Matthieu et Simon le résistant. Des hommes à nom grec, d'autres à nom juif. Et Judas « *qui le livra* ». A suivre leurs réactions, jusqu'à la débandade finale avant le calvaire, on peut se demander pourquoi Jésus a choisi ces douze et non douze inconditionnels, surdoués, s'entendant parfaitement, délicats, héroïques. Si j'avais été Jésus, quels douze j'aurais sélectionnés !

J'imagine, j'idéalise. Jésus était réaliste. Il est toujours réaliste, heureusement pour moi ! Jésus ne cherche pas des gens « parfaits ». En me choisissant a-t-il choisi un équipier parfait ? Il cherche à faire progresser. Les Douze sont un exemple encourageant. Je ne sais pas pourquoi Jésus a choisi ces hommes, mais je sais ce qu'il en a fait : ils ont lancé la foi, ils ont fondé les premières communautés, ils sont devenus des colonnes : « *Sur cette pierre je bâtirai mon Église* » (Mt 16, 18).

Leur diversité doit nous faire réfléchir. Nous rêvons de communautés homogènes, huilées, sans éclats et sans sourdes tensions. Pour cela, on est prêt à éliminer et à jouer sur les affinités. Mais alors on n'aura pas une communauté chrétienne. Les communautés nées de l'Évangile ont accepté la diversité la plus risquée. Par exemple la coexistence entre juifs et non-juifs. Mesurons-nous l'audace, nous qui sommes tentés de faire des communautés d'ouvriers et des communautés de patrons, des communautés de gauche et des communautés de droite, des communautés de jeunes et des communautés de vieux, des communautés de prière et des communautés politiques ? Toutes les peurs de la différence.

Les premiers chrétiens arrivaient à vivre ces différences (non sans quelques heurts, il suffit de lire saint Paul !) parce que quelque chose dominait tout : la foi en la présence active de Jésus ressuscité. Les diversités fondaient dans le brasier de cette foi. Nous ne sommes plus brûlés par les ferveurs des débuts, mais n'essayons pas de supporter les divergences sans Jésus, présent dès que « *deux ou trois sont réunis en son nom* » (18, 20). Penser un peu plus à lui nous délivrera de la rumination des différences.

Être le plus grand

La différence mieux apprivoisée, la communauté découvre vite son autre fauve : l'orgueil. Matthieu commence son chapitre 18 sur la vie communautaire par une scène qui devrait nous marquer à jamais.

Les disciples interrogent Jésus : « *Qui est le plus grand dans le royaume des cieux ?* » Le plus grand, le plus fort. Éternelles vanités. Jésus appelle un enfant, il le place au milieu d'eux : « *Si vous ne changez pas, si vous ne devenez pas comme les enfants, vous n'entrerez pas dans le royaume des cieux.* » Et suit une de ces sentences qui valent mille sermons, mais que nous ne voulons pas écouter : « *Celui qui se fera petit, voilà le plus grand.* »

Que Matthieu mette ainsi en vedette la conversion à la petitesse doit nous alerter. Un ensemble où grouillent des prétentions, des points d'honneur, des susceptibilités, peut à la rigueur être un groupe intéressant, une équipe de valeur, un monastère pieux : ce n'est pas une communauté de Jésus Christ. Il faut nécessairement choisir entre Jésus Christ et l'orgueil.

Quand on ne méprise personne (18, 10), si une brebis s'égare la communauté a mal, elle ne dit pas : « C'était à prévoir » ou « Elle n'était pas pour nous », elle essaie de faire l'impossible pour « *retrouver la brebis* » (18, 12-14) et si elle y parvient, elle est, comme Dieu, folle de joie. En plaçant dans ce contexte de vie fraternelle une parabole sur l'amour de Dieu à l'égard des perdus, Matthieu veut montrer qu'une communauté qui se réclame de Dieu doit se comporter comme Dieu.

Pierre n'avait pas très bien vu ce « comme Dieu ». Même en apprenant que le pardon de Dieu est inépuisable, il demande : « *Et moi ? Combien de fois vais-je pardonner ?* » Le sept fois soixante-dix-sept fois nous ramène évidemment à Dieu, à des fantastiques pardons qui sont pour nous des terres inconnues. C'est si déroutant que Jésus ajoute la parabole du Débiteur impitoyable (23-35). Trop vraie encore aujourd'hui. Réunis autour du Christ et donc vivant dans le pardon de Dieu, nous prenons tout de même très vite à la gorge le frère qui a une ridicule petite dette envers nous.

Les présences actuelles du Christ

Est-ce donc si difficile de vivre entre frères ? Pourtant, Jésus avait pensé que la caractéristique des communautés créées en son nom serait éclatante : voilà des gens qui s'aiment ! Mais dans nos groupes paroissiaux, militants, conventuels, avons-nous toujours l'air de gens « qui s'aiment » ?

Quand, heureusement, l'amour triomphe, quand une communauté étonne par la qualité de ses relations internes et son ouverture, quelle annonce du Christ ! Il est là, vivant et agissant. On peut parler de toutes ses présences actuelles *parce qu'on en fait l'expérience* : son Évangile est vécu, son Esprit est reçu, il est présent dans la prière commune et dans l'Eucharistie.

Ai-je une assez grande idée de ces présences de Jésus par la vie communautaire ? Le christianisme n'est pas la recherche individualiste d'une relation avec Dieu : il est la présence du Christ dans des communautés et dans la grande communauté, l'Église. Comment a pu naître (et massivement !) ce curieux produit : le chrétien individualiste ?

Mais moi, suis-je tellement communautaire ? Ai-je fait beaucoup d'efforts pour chercher Jésus présent dans les groupes auxquels j'appartiens ? Ai-je le sens de l'Église ? Est-ce que je tressaille quand Dieu dit : « *Vous serez mon peuple* », quand Jésus dit : « *Mon Église* ».

Jésus qui envoie

Dans une communauté en pleine santé, Jésus est celui qui unit mais aussi celui qui envoie : « *Tout pouvoir m'a été donné au ciel et sur la terre. Allez donc ! De toutes les nations, faites des disciples. Et moi je suis avec vous jusqu'à la fin des temps* » (28, 18-20).

On voit l'étroite unité de cet « *Allez donc !* » qui éloigne et de ce « *Je suis avec vous* » qui maintient la présence. Admirable raccourci de la vie communautaire chrétienne dans son double aspect : évangélisée par la présence de Jésus, elle est poussée à évangéliser.

Hélas, les « missionnaires », les « apôtres » sont parfois considérés comme des spécialistes qui déchargent la communauté du souci d'être missionnaire. Je me souviens d'un livre qui avait pour titre : *Tout chrétien doit-il être apôtre ?* S'il faut poser la question, c'est que bien des communautés chrétiennes manquent de l'intensité de foi qui explose en élan missionnaire. « *Faites des disciples* » n'est pas une parole vraiment écoutée. L'insistance des sectes nous agace, mais elle devrait nous renvoyer à notre paralysie.

Le « Je suis toujours avec vous » n'est d'ailleurs pas non plus suffisamment vécu. On rencontre même des apôtres qui ont l'air d'avoir oublié Jésus Christ. Ils s'activent sans lui, rien qu'avec des vues d'homme et des forces d'homme, ce qui ne va pas loin.

Pour reprendre contact avec Jésus qui envoie, rien ne vaut la méditation du chapitre 10 sur la première mission des apôtres. Ici commence la grande entreprise dans laquelle, deux mille ans après, je suis embarqué. Ici commence le nouveau peuple de Dieu et le mouvement incessant de l'évangélisation.

Comment Jésus le lance-t-il ? Que me dit-il à moi après tant d'autres ? Une fois de plus je me retrouve devant le « comme » de l'imitation qui est vraiment la règle de l'existence chrétienne : « *Au disciple, il suffit d'être comme le maître* » (10, 24). Évangéliser *comme* Jésus se résume en deux directives simples et terribles : soyez des pauvres et n'ayez peur de rien.

Jésus ne cherche pas des apôtres de charme, éloquents et remarquablement équipés. La parole? Dans les cas extrêmes, elle sera entièrement donnée (19-20). La puissance ? Donnée aussi sur le mal (8). Mais on ne peut donner tout cela qu'à des pauvres qui ne comptent pas uniquement sur eux, et à des hommes qui ne tremblent devant rien.

Je suis frappé par ces deux insistances : réduire les besoins (pas de monnaie, pas de sac, pas deux tuniques) et résister à n'importe quelle pression (ne craignez aucune hostilité, aucune menace). C'est austère et Jésus, comme toujours dans ce cas, aggrave le désarroi : « *N'allez pas vous imaginer que je sois venu apporter la paix.* »

Jésus, je n'aime guère t'entendre dire : « *Vous serez haïs de tous* » (10, 22). Je cherche tellement à plaire, ou au minimum à ne pas m'attirer d'hostilité. Mais j'avoue qu'on ne peut pas, alors, révéler toutes tes exigences.

A la fin de ce discours tu me dis : « *Qui vous accueille, m'accueille.* » Je désire être bien accueilli mais ce n'est pas le vrai problème, il faut que ce soit vraiment toi qu'on accueille en m'accueillant. Si on accueille en moi des gentillesses et des complaisances où tu ne peux pas être, je ne suis pas ton envoyé, je ne suis pas ta bouche, je ne suis que moi.

Comme tu détestais les Pharisiens !

Pourquoi le pharisaïsme te faisait-il sortir de tes gonds ? Je sais que Matthieu force un peu. Il a dramatisé ta colère pour qu'elle nous mette en garde. Mais contre quoi ? Pourquoi faut-il tant se méfier du pharisaïsme ?

Je relis les grands reproches, je veux m'en imprégner, je veux retrouver le choc initial.

• Vous n'avez pas compris que Dieu veut la miséricorde et non une obéissance raide à des rites. Vous avez condamné des hommes qui ne sont pas en faute. Vous êtes des esclaves du sabbat (12, 1-14).

• Vous arrivez à anéantir les commandements de Dieu à coups de traditions purement humaines. Vous honorez Dieu des lèvres, mais votre cœur est loin de lui (15, 1-9).

• Malheur à vous ! Vous barrez l'entrée du Royaume. Vous filtrez le moucheron et vous avalez le chameau. Sépulcres blanchis! Au-dehors, vous avez l'air d'être des justes, mais au-dedans vous êtes remplis d'hypocrisie et d'iniquité (23).

Est-ce que cela nous concerne? Tous les commentateurs disent oui. Il ne s'agit pas seulement d'une vieille histoire curieuse et navrante : ces hommes si religieux, si proches par certains côtés de Jésus, et qui n'ont rien compris. Ce n'est pas non plus une simple question de tempéraments quasi voués à ce qu'on appelle désormais le « pharisaïsme ». Il y a évidemment des prédispositions : un certain rigorisme en morale, un sérieux un peu triste, un attachement à la lettre des observances plus qu'à l'esprit, pas mal d'orgueil.

Mais si le pharisaïsme ne concernait que certains contemporains de Jésus et certains tempéraments de toujours, il ne serait pas aussi combattu dans l'Évangile. Quand Jésus dit : « *Attention ! Gardez-vous du levain des pharisiens et des sadducéens* » (16, 6); quand la colère le prend comme en Matthieu 23, c'est bien signe d'un danger qui nous menace tous.

Une minutieuse pratique

Le pharisaïsme commence avec l'obsession de la pure doctrine et la minutie de la pratique. Là se discerne le déplacement d'intérêt qui va tout fausser : au lieu d'aller directement et joyeusement à Dieu, on s'enfonce dans les choses à faire pour lui, selon des exigences que l'on complique et qu'on finit par inventer.

La racine du pharisaïsme c'est de se tromper fondamentalement sur la démarche religieuse, de songer d'abord à bien penser et à bien faire, au lieu de s'abandonner d'abord à la révélation inouïe : entre Dieu et nous tout est amour. Si l'on se cramponnait à cette certitude on comprendrait que notre foi la plus gauche atteint Dieu sûrement. Et que nous pouvons beaucoup, mais quand nous demandons.

Le pharisien, lui, veut se débrouiller seul. Volontariste, il va devenir l'homme des précisions rassurantes : que faut-il exactement croire ? Que faut-il exactement faire ? Il souhaite un catéchisme complet et clair, une liturgie réglementée, une morale à exigences nettes, des traditions sacrées. Toutes choses sûres qu'on ne cesse de casuistiquer pour être encore plus sûr.

Ces disciplines de la foi, de la liturgie, de la morale et de la tradition sont-elles donc un mal ? Non, certes. Mais élaborées pour rencontrer Dieu, elles arrivent à faire manquer Dieu.

La parabole des ouvriers de la onzième heure est significative (20, 1-15) : « *Ne m'est-il pas permis*, demande Dieu, *de faire ce que je veux de mon bien ? Ton œil est-il mauvais parce que je suis bon ?* »

Bon si tu veux, pense le pharisien, mais pas de fantaisies, tiens tes comptes et sois juste. J'ai fait ceci et cela, tu me dois tant.

Comment Jésus, découvrant cet esprit, pourrait-il se retenir de crier d'indignation ? Bloquer la liberté de Dieu ! Lui dire : tu me dois tant !

Lancé sur cette voie de la science religieuse, du volontarisme et de la comptabilité, le pharisien ne peut avoir que du mépris pour ceux qui ne savent pas et pour ceux qui sortent des rails. Mépris pour les pécheurs et pour ce Jésus qui les fréquente, qui prétend que Dieu les aime.

Dieu, dit le pharisien, tu ne peux aimer que les justes, tu vois comme je veux être un juste, je fais tout pour cela. Regarde, Seigneur, ce que je fais !

En réalité, il ne fait pas tellement, le cœur n'y est pas, l'« intérieur » est mauvais. Alors, il faut de plus en plus investir dans la pratique extérieure. Et puis, finalement, il ne reste que l'illusion des belles paroles : « *Ils disent et ne font pas* » (23, 3), fait remarquer très durement Jésus.

Celui qui dit et ne fait pas s'enfonce tôt ou tard dans l'hypocrisie. Parmi les pratiques extérieures, on choisit ce qui coûte le moins, on paie la dîme pour la menthe et le cumin mais on néglige la vraie justice et la miséricorde (23, 23). Je pense à cette supérieure de communauté qui se faisait scrupule d'écouter « trop sensuellement du Beethoven » mais refusait des vacances légales au concierge du couvent.

Quant au goût de parader, on a pu écrire tout un livre sur *La vanité dans l'Église*. Même des prêtres et des religieux cherchent des titres-gadgets et des médailles. A entendre certains qui vont répétant « J'étais à la droite de X..., je connais bien Y... », on s'aperçoit qu'il est difficile d'échapper à la griserie des honneurs, et même à des simples compliments, surtout quand on vieillit. Le « paraître » est exigeant. Dès que c'est trop dur d'être vrai, on joue l'illusion.

L'oppression religieuse

Infernal aussi, le lien entre le pharisaïsme et les abus d'autorité au nom de la religion. Lorsqu'on écoute Jésus lancer sa première invective : « *Ils lient de pesants fardeaux... sur les autres !* » (23, 4), on pense à ces personnages qui se prennent pour Dieu et qui chargés d'aider les autres les écrasent sous des observances décourageantes.

Mais charger les autres sans faire soi-même ce que l'on conseille et ce que l'on ordonne, ce n'est pas seulement le fait des prédicateurs, et des supérieurs à l'ancienne mode s'il en reste encore, c'est l'aspect courant de tout pharisaïsme, de clerc ou de laïc. Dans l'inconscience de leur propre conduite, les pharisiens sont toujours les austères défenseurs de la loi. Je me souviens qu'à l'époque des premières discussions sur la contraception, nous évoquions quelques cas terribles; un prêtre coupa le débat par une réflexion sans cœur : « Ils ont la loi, ils n'ont qu'à obéir. » Ce n'était pourtant pas un monstre; en l'écoutant, j'ai compris que le pharisaïsme peut nous pourrir sans que nous en prenions conscience.

Dès qu'on nous donne un gramme d'autorité, parents, prêtres, responsables de toute sorte, nous risquons de tomber dans cette perversion qui consiste à abuser d'un pouvoir éducatif et religieux. Apparemment pour la bonne cause, secrètement par goût ambigu d'exiger l'impossible, d'enseigner le plus compliqué, d'accumuler les obligations sans valeur mais choisies comme test d'obéissance inconditionnelle. Dans le meilleur des cas, on veut peut-être faire accomplir par d'autres ce qu'on n'a pu réaliser. Le plus souvent, on cède au plaisir d'opprimer, masqué par d'insupportables appels à un idéal que soi-même on ne pratique pas.

Autrefois, dans les familles, dans les collèges et dans les couvents, cette oppression sacrée était assez bien acceptée. Qui eût osé lever des yeux rebelles vers celui qui savait, et qui parlait au nom de Dieu ? Maintenant, les jeunes disent : « De quel Dieu es-tu la voix ? » Et ils ajoutent : « Toi, que fais-tu ? » Deux bonnes questions, deux antidotes contre le pharisaïsme. Chaque fois que dans un groupe ou dans une famille la religion devient triste, compliquée, décourageante, osons examiner de très près si nous n'y sommes pas pour quelque chose, acceptons le face à face salutaire avec le Jésus du chapitre 23 de Matthieu.

Parlant de ce chapitre, Georges Brassens me disait : « Ça m'empêche de croire à Jésus Christ. Dire aimez-vous et lancer de telles injures, c'est trop contradictoire. » J'ai essayé de lui expliquer que Jésus s'attaque à des mentalités, non à telle ou telle personne, et que lorsque l'amour découvre trop de dégâts, il crie. Justement par amour.

Mais la réaction de Brassens m'a fait sentir que nous, les habitués de l'Évangile, nous n'entendons peut-être pas assez fort l'effrayante colère de Jésus. Oui, c'est quasi inexplicable, cela nous force à aller jusqu'à la perversion profonde de l'attitude pharisaïque.

Pour Jésus, le pharisaïsme est une idolâtrie, la construction d'un faux dieu et d'une fausse religion. Si Jésus a crié, injurié, s'il déteste tant le paraître, la suffisance religieuse, le légalisme et l'oppression, c'est que tout cela détourne du vrai Dieu.

Le Dieu que Jésus venait révéler, c'est le Père qui regarde l'intérieur des cœurs et qui n'a pas de comptabilité mais des bras d'amour. Ces choses-là, douces et graves, capitales, Jésus n'a pas pu les communiquer aux pharisiens. Ni à la foule, à cause d'eux : « *Vous barrez l'entrée du Royaume !* » (23, 13). Devant un tel abus de pouvoir aux conséquences si terribles, l'amour pouvait-il rester calme ?

Veux-tu vraiment nous faire penser au ciel ?

Jésus nous dit : « *Pensez à la fin.* » Comment imaginer, venant de lui, qu'il s'agit d'un avertissement sans valeur ? Mais on peut le comprendre de travers. On l'a traduit par « Rêvez au ciel » et on s'en est servi pour démobiliser les gens : « Acceptez votre sort, résignez-vous, au ciel tout s'arrangera. » En réalité, ce que Jésus veut nous inculquer c'est un tout autre état d'esprit : l'importance de notre aujourd'hui quand cet aujourd'hui est éclairé par la lumière de la fin. Matthieu a construit le dernier grand discours de Jésus (chap. 24 et 25) sur ce thème fondamental : pour vivre comme il faut, pensez à la fin comme il faut.

Et d'abord pas d'une manière étriquée, comme s'il ne s'agissait que de ma mort et de mon ciel. La fin, c'est l'avènement du Fils de l'Homme dans sa plénitude de puissance et de gloire (24, 30). Pour désigner cette fin de notre monde et le commencement du monde nouveau, on emploie un terme technique emprunté au grec : la parousie, c'est-à-dire la venue en gloire et la nouvelle présence du Seigneur, sa manifestation éclatante. Quelle est ma fréquentation de Jésus si je ne le contemple jamais en Seigneur de la Parousie ?

« *Quand le Fils de l'homme viendra dans sa gloire, accompagné de tous les anges, alors il siégera sur son trône de gloire. Devant lui seront rassemblées les nations* » (25, 31-32).

C'est finalement pour cela que j'ai été appelé à vivre, pour prendre place dans ce fantastique rassemblement final, dans cette inauguration de fête éternelle que Jésus évoque en termes de noces, de banquet, de joie de Dieu, de Royaume : « *Venez, les bénis de mon Père, recevez le Royaume préparé pour vous depuis la création du monde* » (25, 34).

Prodigieux raccourci : de la Création jusqu'à la Parousie! Et révélation plénière de Jésus Christ lorsque par lui Dieu sera tout en tous et que les hommes, enfin, vivront d'amour.

Si vous pensez que c'est inutile d'évoquer ces choses dont on ne sait quasi rien, je vous répondrai que le peu qu'on en sait est une bien grande lumière. Préférez-vous marcher dans la nuit ? « *Celui qui me suit*, dit Jésus, *ne marche pas dans les ténèbres, il a la lumière qui conduit à la vie* » (Jn 12, 12). La lumière nous vient de tous les visages de Jésus, et donc aussi du Jésus de la Parousie qui nous dit : c'est pour cette aurore que tout a été créé, c'est vers cette aurore que vous marchez. Vous n'êtes pas nés pour mourir mais pour entrer dans la vie (18, 8).

Bien sûr, on a eu tort de polariser parfois l'éducation chrétienne sur un ciel et un enfer si minutieusement décrits que maintenant on en sourit et on s'en désintéresse. Méditer les paroles de Jésus sur la fin du monde nous semble vraiment trop loin de nos mentalités.

Mais qui suis-je, Seigneur, pour me faire le maître de nos rencontres et trier tes paroles ? Pour t'écouter quand tu dis des choses que je trouve « valables » et pour ne pas t'accorder attention quand tu dis des choses que je déclare peu « valables » ? Non, j'irai aussi vers toi quand tu parles des fins dernières. Même dans les descriptions apocalyptiques, je chercherai ton message.

Chez Matthieu le moraliste, le regard sur la fin renvoie fermement aux tâches présentes. La progression des chapitres 24 et 25 est claire : fin du monde, avènement du Fils de l'Homme, appel à la vigilance (le serviteur fidèle, les dix vierges), appel à l'initiative (les talents). Puis le dernier avertissement : si vous n'avez pas très effectivement aimé vos frères, vous avez raté votre vie (jugement dernier).

Écouter ce grand discours de la fin, ce n'est donc pas s'évader du monde présent mais apprendre à y vivre lucide, les yeux fixés sur le Jésus des derniers temps, de telle sorte qu'il soit aussi intensément présent dans notre vie sous cet aspect que sous ses autres visages.

Ce n'est pas facile. Dans les dernières paraboles de Matthieu, le Seigneur de la Parousie est l'absent que je suis tenté d'oublier. Et pourtant tout va dépendre de la figure que je ferai quand soudain il surgira pour regarder ma vie désormais achevée dans son épisode terrestre. Ne dois-je pas être toujours prêt à accueillir sur moi ce regard définitif : « *Vous les bénis... Vous les maudits...* » (25, 34 et 41) ?

Jésus a beaucoup de présences : dans nos frères, dans l'Évangile, l'Eucharistie, son action en nous et dans le monde. Mais ce sont des présences secrètes, des présences-absences. Notre compagnonnage avec cet absent est une marche vers sa présence dévoilée. Vers son regard sur ce que nous aurons fait et sur ce que nous serons à l'heure de notre mort. Pour toujours.

Vue ainsi, cette heure, cette fin est lumière. Mais Jésus nous avertit avec insistance : « *Tu ne la connais pas. Ni la tienne, ni celle du monde* » (24, 36.44; 25, 13). C'est donc chaque aujourd'hui qui peut être l'heure dernière, l'heure du face à face et du bilan. Pensée angoissante ?

Peut-être. Mais qu'on peut transformer en pensée aidante parce qu'elle donne une valeur énorme à ce que nous sommes en train de vivre. Le futur n'est plus une chose vague, incertaine, il est déjà là parce qu'il sera ce que je construis en ce moment. D'où les dernières paraboles sur la vigilance : un art de vivre très éveillé à ce présent qui fabrique le futur.

Tenir bon dans le noir

La vie la plus paisible peut devenir tragique. Soudain, on annonce un cancer, un accident, une trahison, un échec-abîme. Il suffit d'ouvrir le journal et de regarder la télé, le monde est plein de désespoirs. Jésus dit : « *Là-dedans, tiens bon, tiens jusqu'au bout* » (24, 13).

Pas question de rêver au paradis pour s'évader de ce présent trop noir, mais de penser très fortement ceci : le paradis dépendra, pour moi et pour tous ceux dont je suis solidaire (et la solidarité ici est immense, c'est la communion des saints), de ce que j'aurai fait, de ce que j'aurai été justement dans ce noir.

C'est lorsque nous vivons le mieux possible dans nos désespoirs et nos peurs que nous pouvons rencontrer Jésus secret et que nous sommes prêts à le rencontrer dévoilé. Le tout est d'espérer dans la désespérance, « *d'espérer contre toute espé-*

rance » (Rm 4, 18). L'espérance ne se vit pas avant la détresse, ou à côté de la détresse, pour l'écarter ; elle se vit dans la détresse pour n'être pas écrasé.

Difficile leçon, peu apprise, peu pratiquée : Jésus nous attend dans ces malheurs où il nous semble qu'il n'y a plus que nuit et vide. Nous pouvons le rencontrer *là*, intensément, à coups d'espérance obstinée. Pour bien déboucher dans l'ultime rencontre, c'est *là* qu'il faut tenir avec lui, tenir n'importe comment, arriver peut-être très mal en point mais arriver sans avoir jamais perdu confiance.

A la messe, la prière avant la communion se termine par un souhait d'amour paisible qui peut être aussi un cri d'angoisse : « Que jamais je ne sois séparé de Toi! » Que je me traîne peut-être dans une vie trop difficile, mais que j'arrive au bout en pouvant te dire : « Tu vois, je n'ai pas lâché ta main! »

On nous enseigne la louange bleue, l'oraison idéale, on nous apprend moins le corps à corps avec l'angoisse. C'est pourtant une des grandes rencontres de Jésus Christ et souvent l'ultime moyen de lui crier qu'on ne doute pas de lui, même là. Ne pas douter, alors, de Jésus Christ nous donne Jésus Christ. Tenir bon quand c'est intenable, tenir à coup de foi, de prière et de force demandée, nous enfante. La fin du monde sera la fin de l'enfantement du monde; la fin de ma vie sera la fin de l'enfantement de ma vie.

Ces enfantements seront peut-être terribles. Seigneur, ne nous laisse pas glisser dans la tentation de douter de toi.

Ne pas dormir sa vie

L'autre tentation, c'est de dormir sa vie. Jésus n'a cessé de nous mettre en garde contre trois anesthésiants. Premièrement, la théorie sans la pratique : « *Mets en pratique ce que tu sais sinon tu es un insensé* » (7, 26). « *Tu entends la Parole, mais le souci du monde et la séduction des richesses l'étouffent et elle reste sans fruit* » (13, 22). Deuxièmement, l'argent-souci et l'argent-confort : « *Un riche entrera difficilement dans le Royaume* » (19, 23). Troisièmement, l'inconscience : « *Dans les jours de Noé, on mangeait, on buvait, on se mariait, on ne se doutait de rien, et vint le déluge. Ainsi viendra le Fils de l'Homme* » (24, 38-39).

Jésus décrit tous ces gens qui vivent comme si l'Absent n'allait pas surgir. Le mauvais serviteur qui pense « Mon maître tarde », les vierges qui ne sont pas prêtes, l'homme au talent qui ne veut pas prendre des initiatives, les gens qui s'étonnent au jugement dernier : quand nous est-il donc arrivé de te voir affamé ?

Des distraits, des velléitaires, des dormeurs, des parleurs. Visiblement, Jésus les déteste *(« Incapables !... Maudits ! »)*. Je ne le rencontrerai pas là où l'on gaspille la vie en cherchant des fauteuils. Il nous demande d'exploiter à fond nos ressources (25, 26-30), ce n'est pas confortable.

Nous sentons bien d'ailleurs qu'une vie trop douillette, trop installée, jure avec les appels de l'Évangile. Nous essayons de réagir mais souvent à moitié, simplement sous forme de projet un peu vague : d'accord, je dois me secouer, je m'y mettrai.

Quand ? Demain ? Contre ces remises à plus tard, Jésus dresse les paraboles du trop tard avec leurs terribles coups de gong :

- « *Le maître de ce mauvais serviteur viendra. Il le jettera là où il y a des pleurs.* »
- « *On ferma la porte. Elles supplièrent : ouvre-nous ! Il répondit : Je ne vous connais pas.* »
- « *Paresseux ! Jetez-le dans les ténèbres.* »

Mauvais serviteur, paresseux. J'ai toujours tendance à croire que cela ne s'adresse pas à moi. Mais est-ce que je ne joue pas paresseusement avec le temps ? « *Tu ne sais ni le jour ni l'heure.* » Seigneur, que cet aiguillon pénètre en moi.

Jésus selon Luc

Puisque tu es venu tout est possible

Jésus notre joie. « *Je vous annonce une joie fantastique* », dit l'ange de Luc. Les deux premiers chapitres, les enfances culminent à la grande annonce de la joie : « *Je vous annonce une bonne nouvelle qui sera une grande joie pour tout le peuple : il vous est né aujourd'hui, dans la ville de David, un Sauveur qui est le Christ Seigneur. Et voici le signe : vous trouverez un nouveau-né dans une mangeoire* » (2, 10-12).

Un nouveau-né dans une mangeoire. Tout le ciel en branle-bas d'anges et de lumières pour une naissance obscure chez des petites gens. Et ces scintillantes enfances se terminent par un désarroi : « *Marie et Joseph ne comprirent pas* » (2, 50). Dès qu'il s'agit de Jésus, on est toujours dans la lumière et dans la nuit.

J'ai longtemps cru que pour Marie, depuis l'Annonciation, tout était lumière et qu'à Noël elle s'émerveillait d'avoir à bercer Dieu. Mais un troisième texte me semble être la clé des chapitres sur l'enfance et même la clé de tous nos efforts pour mener une relation avec Jésus : « *Marie enregistrait avec soin ces événements et elle les méditait* » (2, 19 et 51).

Elle était juive, fille du peuple formé pour proclamer que Dieu est l'Unique, le Seul. Juive fervente, elle attendait le Messie sans pouvoir soupçonner les révélations inouïes : Dieu est bien l'Unique, mais il n'est pas solitude; Dieu aime les hommes jusqu'à tenter l'expérience d'une vie d'homme. Trinité et Incarnation. Ce sont là, bien sûr, des mots impuissants à dire dans quels mystères Marie entrait. Tout était pour elle difficile à concevoir et à vivre. La regarder devant l'Enfant est pour nous une leçon de foi contemplative.

Qui est cet enfant ?

Mais l'ange de l'Annonciation ne lui avait-il pas tout dit ? « *L'Esprit Saint viendra sur toi, la puissance du Très-Haut te couvrira de son ombre. Celui qui va naître de toi sera saint et on l'appellera Fils de Dieu* » (1, 35).

Cela dit tout, en effet, mais Luc écrit cela après les événements, quand désormais brille sur Jésus la lumière de Pâques. Nous savons que le Ressuscité est le Fils de Dieu, nous nous sommes faits peu à peu à l'impensable : Jésus est Dieu.

Les quatre Évangiles commencent tous par cette violente lumière :

Marc : « *Commencement de la Bonne Nouvelle de Jésus Christ, Fils de Dieu.* »

Matthieu : « *Ce qui est né en Marie, dit l'ange à Joseph, est de l'Esprit Saint.* »

Luc : « *Il sera appelé Fils de Dieu.* »

Jean : « *Au commencement était le Verbe... Et le Verbe était Dieu... Et le Verbe s'est fait chair.* »

Dans la lumière d'après Pâques, sur l'Annonciation et sur Noël, nous voyons clairement que Marie est Mère de Dieu. Mais pour elle, à ce moment-là, quelles étaient ses lumières ? Elle avait conscience d'être la Mère du Messie, par conception virginale. La méditation de cette étrangeté la faisait accéder à une première connaissance de son Fils : il n'était pas comme les autres, un lien unique unissait cet enfant à Dieu.

Mais Luc, qui savait beaucoup de choses par ceux qui avaient connu Marie, n'hésite pas à écrire qu'elle ne comprit pas, et Joseph non plus, « *ce que l'on disait de leur enfant* » (2, 33), et surtout ce que Jésus à douze ans leur révélait : « *Je dois être tout à mon Père* » (2, 49). Bien que les traductions de cette parole soient diverses, le sens reste le même; à douze ans, et au Temple, Jésus prend conscience de ce qui va dominer son être et sa vie : il a un Père qui n'est pas un père de la terre. En repartant pour aller reprendre à Nazareth la vie ordinaire, Marie garde cela dans son cœur.

Dans les premières pages de son Évangile, Luc nous dit tout sur Jésus en prenant pourtant bien soin de nous avertir : regardez Marie et Joseph, ils reçoivent les messages de Dieu et les événements (les messages de Dieu par les événements), ils les méditent et ils progressent. La foi n'est pour personne un ensemble statique, complet et définitif, elle est pour chacun de nous, comme elle le fut pour Marie et Joseph, un cheminement personnel, une progression originale.

Quand Élisabeth définit si bien Marie en lui disant : « *Toi, tu es celle qui a cru* » (1, 45), on pense instinctivement que Marie a été d'emblée celle qui adhère en toute clarté au dessein si déroutant de Dieu : par elle, le Verbe, le Fils, allait mener une vie humaine. Luc corrige nos vues. Marie adhère, oui, mais aux « grandes choses » (1, 49) qu'elle découvrira peu à peu à force de méditation et de courage, en regardant son enfant vivre, mourir et ressusciter.

J'y gagne un modèle pour ma propre foi. A cette Marie qui devait progresser et à Joseph qui a dû progresser encore plus difficilement, je peux dire : aidez-moi à contempler l'Enfant. Bien que j'aie toutes les lumières, je suis aussi désemparé que vous, lorsqu'il demande : « *Pourquoi me cherchez-vous ? Comment me cherchez-vous ?* »

Depuis tant d'années, je vais à lui ou trop

comme à un homme ou trop comme à Dieu, jamais les deux à la fois assez liés. Autrefois, je disais facilement les mots du discours chrétien : Trinité, Incarnation, Jésus Christ Fils de Dieu, Jésus vrai Dieu et vrai homme, Jésus Christ ressuscité. Maintenant, j'essaie de vivre avec ces mots et de ces mots, et je vois qu'il ne faut pas cesser de les ruminer dans la prière pour qu'en restant mystère ils nous disent comment, dès ici-bas, établir une relation d'amour avec le véritable Jésus Christ.

Jésus est Dieu qui nous aime

Nous allons d'ordinaire tout de suite à ce que Jésus dit et à ce qu'il fait. Contre ce mouvement instinctif les chapitres sur l'enfance ont ceci de capital : ils nous retiennent un moment *devant ce qu'il est*. C'est le mystère le plus central, le plus difficile et le plus joyeux : Jésus est Dieu qui nous aime.

Aucun Messie, aucun Sauveur seulement homme, super-homme autant qu'on puisse l'imaginer, n'aurait pu nous dire avec une telle puissance convaincante : Dieu vous aime. Jésus le dit à Noël simplement en étant là, en étant ce qu'il est, Dieu même venu nous aimer. La Présence.

Lorsque je regarde l'Enfant, je ne pense pas encore à ce qu'il va faire pour nous sauver. Je me dis que puisqu'il est là, tout est possible, rien n'est impossible à Dieu (1, 37). Si j'arrive à croire que Dieu lui-même vient pour nous sauver, je n'éprouve plus ensuite de difficultés à croire ses paroles, ses miracles, l'obligation de passer comme lui par la souffrance ; je peux croire à sa résurrection, à l'Eucharistie, à l'Église.

Mais il faut que je commence là, devant la crèche, près de Marie et de Joseph, à apprivoiser le mystère d'où tout découle : cet enfant est vraiment homme et vraiment Dieu.

Apparemment, un simple fils d'homme : « *Il était le fils, croyait-on, de Joseph* » (3, 23). Nous, nous savons beaucoup plus. Nous apprenons par Luc que sa généalogie l'insère au plus profond de la race humaine jusqu'à Adam (3, 23-38). On voit aussi, dès les enfances, à quel point ce fils d'homme est un être exceptionnel. Vers lui convergent tous les grands courants de l'Ancien Testament : les prêtres avec Zacharie, les rois avec Joseph descendant de David, les sages avec les mages et les docteurs de la Loi, les prophètes avec Siméon et Anne, les pauvres de Yahvé avec les bergers. C'est l'enfant des promesses, de la Promesse, du serment fait à Abraham (1, 73 ; 1, 55).

Mais si toute la terre et toute l'histoire montent vers Jésus, fruit dernier des longues préparations, c'est le ciel qui descend pour annoncer l'incroyable : l'Enfant est aussi de là-haut. Il y a tout un mouvement d'en haut vers en bas : « *La puissance du Très-Haut te couvrira de son ombre* », dit l'ange. « *Dieu m'a regardée*, dit Marie, *il est intervenu de toute sa force.* » Et Zacharie : « *Le Dieu d'Israël a visité son peuple.* » Enfin, l'ange de Noël : « *Il vous est né un Sauveur qui est le Christ-Seigneur.* » Seigneur ? C'est Dieu. « *Il sera appelé Fils de Dieu.* »

Entrer dans ces mystères

Nous voici devant le seuil à franchir dès que nous voulons rencontrer Jésus, et déjà face à l'Enfant de la crèche : Jésus Messie, Jésus Christ, est infiniment plus que le Messie attendu, il est « Fils de Dieu ». Avec tout ce que cela nous dit sur Dieu : l'Unique est Père ! L'Unique est Amour. Tout doit être vu et tout peut être cru dans cette lumière. Si Dieu est Amour et Amour à ce point, il n'a pu inventer ni des esclaves à terroriser, ni des jouets dont on s'amuse, ni des objets d'expérience. Il a créé par surabondance d'amour, pour aimer et être aimé.

La preuve ? Elle est là. Dans cet enfant dont le premier mot sera la suprême révélation : « *Je dois être tout à mon Père.* » Et le dernier mot : « *Père, entre tes mains, je remets mon esprit* » (23, 46).

Cherchons-nous Jésus ? Tout de suite, il approfondit notre recherche. Pourquoi me cherchez-vous ? Comment me cherchez-vous ? dit-il à douze ans. « Qui pensez-vous que je suis ? », demandera-t-il plus tard.

Seigneur, tu as été pour Marie et Joseph un enfant difficile à comprendre. Je ne demande pas que pour moi tout soit facile quand je pense à toi, quand je vais vers toi. Je veux seulement apprendre de Marie à conserver dans mon cœur les paroles et les événements, et à savoir les méditer. Pour que je vive de plus en plus de ces mystères d'amour : Dieu est Père, tu es son Fils et tu es entré pour nous dans notre vie d'homme.

Tu nous révèles la tendresse de Dieu

« *Voyant la détresse de cette maman, le Seigneur fut pris aux entrailles* » (Lc 7, 13). Rencontre d'un convoi funèbre à Naïm. On renseigne Jésus : celui qui est porté en terre est un jeune homme, fils unique d'une veuve. Jésus est bouleversé : « *Ne pleure plus.* » Il lui rend son fils.

A force de lire l'Évangile, nous finissons par imaginer un Jésus programmé : il devait agir de cette façon, c'était normal, il faisait son métier de Jésus Christ. Non, homme comme nous, il réagit comme nous au jour le jour selon les événements. Ici, devant cette mère, il est pris aux entrailles. Il regarde, il mesure la terrible détresse. Une veuve. Un fils unique. Il est étreint par la même peine que tous les gens de Naïm, il est avec eux, il est l'un d'eux.

Mais il est Jésus. Par lui, dit Luc, « *Dieu a visité son peuple* ». Quand Dieu nous regarde de si près, au milieu de nous, entrant dans notre détresse, comment réagit-il ? Si je vois cela, je connaîtrai Dieu, je saurai de quelle façon il nous regarde. « *Personne n'a jamais vu Dieu, mais l'Unique nous le dévoile* » (Jn 1, 18).

Je vois que devant une femme si malheureuse, le Seigneur est bouleversé. Luc dit « le Seigneur », un titre qui exprime la divinité de Jésus. Dieu, quand nous sommes malheureux, est bouleversé, je le sais en regardant Jésus à Naïm. Les discours où l'on me dit que Dieu est bon ne me parlent pas autant que cette scène.

La bonté de Jésus

Pourquoi faut-il tant répéter que Dieu est bon ? C'est ce que disait déjà le psaume 145 : « *Le Seigneur est tendresse et miséricorde, lent à la colère, plein d'amour. Le Seigneur est bon pour tous. Plein de tendresse pour toutes ses œuvres.* »

Mais ce n'est pas ce qu'on nous enseignait. Dieu tendre ? On ne le disait pas ou on le disait mal, si j'en juge par les confessions, les confidences et les interviews.

C'était plutôt Dieu tout-puissant, Dieu exigeant, juge à qui rien n'échappe et qui demandera rigoureusement compte de tout. Ne pas faire de péchés. Faire des sacrifices. Ne pas se mettre mal avec lui. Dieu tendre ? Je reste marqué par des images, des sermons, une manière grossière de parler d'un Dieu vengeur, et même la manière plus fine de répéter qu'il est le tout-autre, l'inconnaissable. L'inconnaissable ? Et Jésus Christ ? Si je crois qu'en regardant Jésus j'apprends des choses sur Dieu, à Naïm je vois que Dieu est tendre.

Luc est l'évangéliste de cette tendresse. Après Naïm, il y a l'histoire inouïe de la pécheresse (7, 36-50). Inouïe quand on pense aux tabous que Jésus violait. Il fallait, disait par exemple un rabbin de l'époque, maintenir entre soi et une courtisane une distance de deux mètres. Déçu, car il avait de la sympathie pour le jeune prophète, Simon le pharisien regarde cette prostituée qui couvre de baisers les pieds de Jésus. « *Si cet homme était un prophète, il saurait qui est cette femme qui le touche.* »

Jésus sait! Mais il ne se soucie ni des jugements ni des convenances, il va droit à l'amour. Cette femme, comme elle est en ce moment, Jésus peut l'aimer. D'un amour exigeant, certes : cette « *paix* » qu'il lui offre, elle a un sens biblique de libération : « Je te libère pour que désormais tu vives autrement. »

Loin des dégoûts et des supériorités du pharisien, quelque chose de mystérieux se joue : cette femme a une confiance d'amour, Jésus l'accueille avec un amour qui la transforme; alors s'éveille en elle un plus grand amour, un autre amour qui la lave, la ressuscite. Un amour immense parce qu'elle a reçu un pardon immense.

Est-ce que je comprends ? Je suis devant deux êtres à qui est donnée la même chance de rencontrer Jésus : le juste et la prostituée. Lui, le juste, il observe froidement, il raisonne, enfermé dans ce qu'il croit savoir sur Dieu, sur le péché, sur les pardons impossibles. Il va manquer cette rencontre qui aurait changé sa vie. La pécheresse, elle, ne se dit qu'une chose : devant sa détresse, l'envoyé de Dieu aura pitié. Elle pressent que Dieu est pitié et amour. Qu'elle m'apprenne à croire que Dieu me regarde avec tendresse là où je suis, comme je suis.

Après cette scène, Luc montre le groupe qui accompagnait Jésus : « *Les Douze étaient avec lui, et aussi des femmes* » (8, 1). Encore un signe de douceur et de tendresse, surtout à cette époque. Jésus est né dans un monde où les femmes, socialement, ne comptaient pas, et lui il les fait entrer dans sa mission, au risque de scandaliser. Ses disciples n'en reviennent pas de le voir parler si longuement avec la Samaritaine (Jn 4, 27). Il est heureux chez Marthe et Marie, il admire la veuve pauvre « *qui prend sur sa misère pour l'offrande au Temple* » (21, 4).

Tous ces regards de tendresse sur les petits, les pauvres, les humiliés, les pécheurs sont une révélation : « *Qui me voit, voit le Père* » (Jn 14, 9). En voyant la bonté de Jésus, je vois la bonté du Père.

Jésus affirme cette tendre bonté dans la parabole de l'enfant prodigue (15, 11-32), sommet de la Révélation. Si nous ne possédions que cette page d'Évangile, nous en saurions assez sur Dieu.

Mais j'ai beau la méditer souvent, et l'aimer plus que tout autre texte, je garde toujours une résistance : est-ce possible que nous soyons aimés à ce point ? « *Qu'est-ce que l'homme pour que tu penses à lui de cette façon ?* » (Ps 8).

Toi, Jésus, tu le sais. Tu sais comme nous sommes aimés. Ce n'est pas déraisonnable de le croire puisqu'elle est de toi la parabole de l'amour. Une fois de plus je t'écoute, je vois partir le jeune fils, je le vois revenir. Le père l'a aperçu de loin, il devait constamment regarder. « *Il est pris aux entrailles.* » Il court. Ce n'est pas le comportement d'un homme d'Orient, ce n'est pas le comportement d'un père offensé, il faut bien dire que c'est fou. Et tout ce qui suit est fou.

Je ne regarde que le père, je n'écoute que le père qui se jette au cou de son fils, le couvre de baisers, coupe les excuses, ordonne la grande fête. « *Mon fils était perdu, il est retrouvé !* » Si tu es comme cela, Père, qu'est-ce que j'attends pour courir vers toi et pour vivre dans le soleil de ton amour ?

« *Soyez miséricordieux comme votre Père* » (6, 36). Jésus à Naïm est « *pris aux entrailles* »; le père de l'enfant prodigue est « *pris aux entrailles* ». Une troisième fois, Luc va employer cette expression qui marque un bouleversement de pitié et d'amour, mais cette fois il s'agit de notre propre cœur.

Si Dieu est tendre, qu'est-ce que tu fais, toi, quand tu es dur ? Que tu le veuilles ou non, tu tournes le dos à l'Évangile, tu ne regardes plus le Seigneur Jésus, tu ne le cherches plus.

Aligne tes raisons, elles ne valent rien. Si tu crois que tu es aimé par Dieu, aime, essaie d'aimer comme lui. Aime et, en aimant, en restant dans l'amour, tu pourras raisonner, tu seras fils de Dieu, tu raisonneras en fils de Dieu.

C'est la parabole du bon Samaritain (10, 30-37). Au légiste qui cherche à discuter (je veux bien aimer mon prochain, mais qui est mon prochain?), Jésus montre que ce n'est pas un « problème », il s'agit de manifester très concrètement la même bonté que Dieu. Luc suggère cela en employant l'expression identique : « *Être pris aux entrailles.* » Qui a pitié comme Dieu, qui a des entrailles de tendresse, trouve partout des gens à aimer, dont il se sent proche, tout simplement parce qu'ils sont en détresse.

Un voyageur sur la route. Assailli, dépouillé, laissé à moitié mort. Un prêtre le voit « *et il passe à bonne distance* ». Un lévite le voit « *et il passe à bonne distance* ». Terrible distance. Comment ne pas penser aux distances que je mets entre les détresses de mes frères et la peur de m'engager dans une sombre histoire, la peur de perdre de l'argent, du temps ?

Le Samaritain, lui, se jette littéralement sur l'aide à apporter. « *Il est pris aux entrailles.* » Jésus choisit comme modèle de bonté cet homme méprisé. Un Samaritain ! Eh bien oui, c'est lui le fils de Dieu, parce qu'il a éprouvé la même tendresse que Dieu. Ce qui est essentiel, c'est qu'il est pris de pitié. Après, les gestes s'enchaînent naturellement, il va perdre du temps et de l'argent, mais il vit quelque chose d'intense, il vit de la vie même de Dieu. « *Fais cela,* dit Jésus, *et tu vivras* » (10, 28).

Jusqu'au bout l'Évangile de Luc est l'Évangile de la bonté, de la tendresse : « *Père,* demande Jésus sur la croix, *pardonne-leur !* » Et au bon larron : « *Tu seras aujourd'hui avec moi en paradis.* »

Nous ne rencontrons Jésus que sur ces chemins de bonté. Il réagit comme un homme bon, il nous dit que Dieu est bon, il nous demande d'être bons. Que peut-il faire de plus pour briser nos cœurs de pierre ? Quel terrible mystère : être des fils du Dieu de tendresse et n'être pas bon.

J'ai peut-être une explication. Sur ma route je n'ai pas tellement fréquenté de chrétiens inébranlablement persuadés que Dieu les aime avec tendresse. La plupart n'arrivent pas à vivre dans cette certitude. Alors, eux-mêmes, pour Dieu et pour leurs frères, n'ont guère de tendresse. Les deux choses se tiennent, je le vois bien, plus on se sent aimé par Dieu, plus on a envie d'être bon.

O Père! fais que je croie davantage en ta bonté que Jésus nous révèle. Et donne-moi, pour mes frères, tes entrailles de miséricorde.

Apprends-nous à prier

Jésus prie, Jésus donne des conseils pour prier. Me nourrir d'abord de cela. Les autres maîtres de prière ne sont pas inutiles, mais ils sont seconds.

La solitude

Insistance sûrement significative, tout au long de l'Évangile de saint Luc :

« *Il se retirait dans les lieux déserts et il priait.* »

« *En ces jours-là, Jésus s'en alla dans la montagne pour prier et il passa la nuit à prier Dieu.* »

« *Comme il était en prière, à l'écart.* »

La solitude, la montagne, la nuit. On ne peut pas prier n'importe où. Ou plutôt, il y a la petite prière possible à n'importe quel moment et n'importe où. Et il y a la grande prière, celle qui refait un homme, et celle qui arrache à Dieu des choses d'importance; là, il faut des lieux et des temps de silence.

C'est après les scènes de foule que Luc montre Jésus cherchant la solitude : « *De grandes foules s'assemblaient pour l'entendre et se faire guérir. Et lui se retirait dans les lieux déserts et il priait* » (5, 15).

L'autre recherche de solitude est liée à de grands événements : avant le choix des apôtres (6, 12); avant la question décisive : « *Vous, qui dites-vous que je suis ?* » (9, 18); avant la transfiguration (9, 28).

Et nous ? Jamais besoin de nous dégager ? J'écoute parfois, ahuri, des gens qui affirment que tout va très bien sans aller perdre son temps à prier « loin de la vie » *(sic)*. Parce que « dans la solitude on ne rencontre que soi » *(resic)*. Je suppose que ces naïvetés (on pourrait employer un mot plus fort) révèlent l'impact des soupçons propagés par les sciences humaines qui parlent avec condescendance du monologue et du cirque mental quand on prie : « Vous restez en face de vous-même, vous ne vous occupez que de vous, vous fuyez le réel », etc. Sans aller jusque-là, bien des chrétiens pensent : « Pour prier, avons-nous besoin d'un lieu spécial, d'un temps de recueillement ? »

Jésus en avait besoin. Ce serait étrange de tout admirer de lui, sauf ses longues prières; de vouloir tout imiter de lui, sauf sa recherche de solitude. Il fut un temps où j'aimais discuter sur la prière. Maintenant, j'écoute tranquillement les objecteurs, les « j'en ai pas besoin », et je pense à Jésus. Lui qui était toujours en présence du Père et sous la mouvance de l'Esprit, il lui fallait parfois la solitude. Alors, prétendre que pour nous c'est inutile...

La prière de joie

La prière de Jésus est liée à l'Esprit. Lorsque Jean le baptisa « *il priait; alors le ciel s'ouvrit, l'Esprit Saint descendit sur lui* » (3, 21). Par l'Esprit, Jésus prend conscience de son être et de sa mission : *il est le Fils* (3, 22).

Voilà le premier mouvement de toute prière : demander l'Esprit. Toujours, il nous est donné : « *Si vous qui êtes mauvais*, dit Jésus, *vous savez donner de bonnes choses à vos enfants, combien plus le Père du ciel donnera-t-il l'Esprit Saint à ceux qui le demandent* » (11, 13). L'Esprit, c'est Dieu qui se donne, et qui nous donne tout, parce que l'Esprit modèle en nous la prière parfaite qui obtient tout : « *Demandez, on vous donnera* » (11, 9).

Il n'est pas rare de faire cette expérience : nous sommes en train de prier, et soudain l'Esprit nous met en présence du Père, exactement comme il faut être. C'est la prière de joie, on sent que tout est bien, on comprend mieux la vie.

Jésus a laissé éclater cette joie de comprendre par l'Esprit les desseins du Père. C'est après la réussite de la mission des 72. Jésus admire et

« *à l'instant même il exulte sous l'action de l'Esprit Saint et il dit : 'Je te loue, Père, Seigneur du ciel et de la terre, d'avoir caché ces mystères aux sages et aux intelligents et de les avoir révélés aux petits. Oui, Père, c'est ainsi que tu en as disposé dans ta bienveillance. Tout m'a été remis par mon Père, et nul ne connaît le Père si ce n'est le Fils et celui à qui le Fils veut le révéler'* » (10, 21-22).

Nous sommes sur les sommets clairs de la prière. Arrachés à nos petits horizons, mis en face des plus grands mystères : le Père, le Fils, l'Esprit, et le salut du monde : « *Heureux*, dit Jésus, *les yeux qui voient ce que vous voyez* » (10, 24).

Je vois, mais est-ce que je regarde assez, jusqu'à être heureux de voir ? C'est aussi cela prier. Pas toujours demander, promettre, parler, mais seulement exulter dans l'Esprit parce qu'il nous est donné de connaître le Fils, de connaître le Père, et de contempler dans un monde pourtant si confus le Règne qui vient.

La prière de peine

Qui n'a jamais rejoint Jésus à Gethsémani ne sait pas ce que veut dire prier. Quand notre vie devient difficile et si elle devient terrible, il faut essayer de la traîner (rien alors ne se fait sans se traîner) près de Jésus qui prie dans l'angoisse.

Et qui d'abord nous dit de prier pour que

l'épreuve ne brise pas notre foi et notre espérance : « *Priez pour ne pas tomber au pouvoir de la tentation* » (22, 40). La tentation, c'est de se laisser couler dans la peur et un désespoir où l'on ne prie plus, on ne peut plus rien faire, on ne peut plus rien croire.

Coûte que coûte essayer. Comme Jésus. Essayer d'entrer dans la volonté de Dieu. Je ne dis pas là des mots dérisoires, je dis la seule parole d'espoir et de salut : un homme qui adhère à la volonté de Dieu reçoit la force de Dieu. Ou Dieu nous sauve de l'épreuve, ou il nous donne la force de la vivre. Tous ceux qui ont prié à ces moments-là peuvent affirmer ce que j'affirme.

Jésus, après cette agonie, va vivre héroïquement sa Passion, mais il a prié pour que le calice s'écarte, il a été obligé de prier pour se maintenir dans les desseins du Père. Une vieille tendance tenace nous tient peut-être loin de la réalité incompréhensible de cet homme ployé, broyé, suant le sang : s'il est Dieu, comment peut-il en être là ? Nous répétons « vrai Dieu et vrai homme », mais nous pensons seulement « Dieu ». Nous risquons de ne pas avoir l'idée d'aller apprendre auprès de lui comment un homme arrive à prier dans l'angoisse.

Pardonne-leur

J'ai interviewé un ancien drogué qui a commencé d'émerger à partir du choc sur lui de la prière de Jésus en croix : « *Jésus, pardonne-leur car ils ne savent ce qu'ils font.* » Un ami, m'a dit ce jeune, m'avait donné un Évangile; quand j'ai vu le pardon de Jésus, je suis entré dans un autre monde, je me sentais pardonné et je voyais que désormais je pourrais pardonner, je me disais : on peut vivre dans l'amour.

Suis-je aussi frappé par cette prière ? Jésus trahi, Jésus moqué et broyé par la souffrance, s'inquiète pour ses bourreaux et atténue leur responsabilité. A des moments pareils, saurais-je prier ? Ai-je su prier ? En écoutant Jésus, et non l'honneur, la vengeance ou la haine.

De Jésus aussi, je peux apprendre ma dernière prière : « *Père, entre tes mains je remets mon esprit.* » On parle beaucoup ces temps-ci de préparation à la mort. La voilà. Si j'arrive à une telle remise au Père, je mourrai bien.

Trois conseils pour prier

Chaque maître spirituel enseigne sa manière de prier. J'y cours. Combien donnerais-je pour consulter Jésus! Mais n'ai-je pas ses conseils, là, sous la main ? Sont-ils usés ?

Immédiatement, brutalement, la première leçon qu'il nous donne, par le *Notre Père*, bouscule nos façons de prier : « *Dites : Père, fais-toi reconnaître comme Dieu, fais venir ton Règne !* » (11, 2).

Et non pas : donne-moi ceci, accorde-moi cela. D'abord s'oublier! C'est si difficile qu'à force de dire des *Notre Père* pour ceci et pour cela nous finissons par ne plus savoir ce que nous disons. Nous sommes pourtant si près de Jésus, si enseignés par lui, dans cette prière qui le révèle, lui qui s'est toujours oublié, n'étant préoccupé que du Père et de nous. Pureté absolue de cette prière. Elle nous arrache au renfermé de nos soucis personnels pour nous jeter au grand air des desseins de Dieu : « *Que vienne ton Règne !* »

Et même après, lorsque j'arrive aux demandes pour moi, ce n'est pas pour moi mais pour nous : « *Donne-nous !* » Donne-nous de quoi vivre ensemble, donne-nous un grand sens de ton pardon et de nos pardons, donne-nous la force de porter ensemble les dures épreuves. Le *Notre Père* me remet dans l'amour de mes frères. Là encore, il m'oblige à ne pas penser qu'à moi. Nous sommes tellement habitués à cette prière que nous ne voyons peut-être plus sa coloration communautaire. Mais imaginons ce simple changement : « Donne-moi aujourd'hui le pain dont moi j'ai besoin. » Le *Notre Père* serait défiguré.

Deuxième conseil : assaillir Dieu, lui casser les oreilles (11, 5-8). Pas à coups de bavardages ou de chapelets dits n'importe comment mais à coups d'instances pressantes où l'on sait ce que l'on veut et l'on sait qui est Dieu. Cette prière têtue est peut-être le plus sûr moyen de tisser avec le Seigneur des relations justes. Tous les saints ont armé leur confiance avec le verset 8 : « *Je vous le déclare, il se lèvera pour lui donner ce qu'il lui faut.* » Et avec le verset 9 : « *Moi, je vous dis : demandez, on vous donnera.* » Et avec la parabole du juge et de la demandeuse casse-pieds : « *Dieu ne ferait pas justice à ses élus qui crient vers lui jour et nuit ?* » Jésus n'a pas pu dire des choses pareilles si ce n'est pas vrai. Notre grand problème, c'est de le croire, de le croire assez. Finalement, la prière c'est la foi qui parle.

Troisième conseil : ne pas dégoûter Dieu en priant. Par Jésus nous savons ce qui dégoûte Dieu : l'orgueil. « *Ce qui est élevé pour les hommes est un dégoût pour Dieu* » (16, 15). Le portrait du pharisien en prière est une des plus féroces charges de Jésus : « *Mon Dieu, je te remercie de ce que je ne suis pas comme les autres, tous ces voleurs, ces malfaisants, ces adultères, ou ce collecteur d'impôts. Moi, je jeûne deux fois par semaine; moi, je paie la dîme* » (18, 9-12). Ça ne me concerne pas ? Tout ce qui peut me faire prendre l'orgueil en horreur me concerne, tout ce qui purifiera ma prière de ses surcharges et de ses suffisances, jusqu'à ce qu'elle devienne le murmure très simple, très humble du publicain : « *Seigneur, prends pitié !* » (18, 13).

Pourquoi l'argent te paraît-il si dangereux?

« *Je te suivrai partout où tu iras.* » Quelqu'un t'a dit cela (Lc 9, 57). Je te regarde et je te dis moi aussi : « Je veux te suivre. » Mais je reçois le coup de ta réponse : « Pour me suivre, il faut te rendre libre, car je ne suis lié par rien. *Les renards ont leur tanière, les oiseaux ont leur nid. Le Fils de l'Homme n'a pas où poser la tête.* » Je vois à quel point il faut être libre, léger. Je suis lourd.

Encombré par ce que je possède, par ce que je voudrais avoir, pas prêt à sacrifier quoi que ce soit. J'ai besoin d'un tas de sécurités, d'un tas de choses devenues nécessaires. Je veux te suivre mais j'ai ma tanière.

A quelqu'un qui t'avait beaucoup plu tu as dit : « *Viens, suis-moi* » (18, 22). Il ne t'a pas suivi parce qu'avant tu lui avais dit : « *Une seule chose te manque : tout ce que tu as, vends-le, distribue-le aux pauvres.* » Quand il a entendu une telle énormité, l'homme est devenu triste, il était trop riche. Toi aussi tu étais triste, et en le regardant s'éloigner tu as dit : « *Qu'il est difficile à ceux qui ont les richesses d'entrer dans le Royaume de Dieu !* »

Malheur à vous les chercheurs de confort !

Est-ce que c'est mon cas ? J'ai toujours écouté distraitement les quatre malheurs de Luc : « *Malheureux, vous les riches ! Malheureux, vous les repus ! Malheureux, vous les trop heureux ! Malheureux, vous les bien considérés !* » (6, 24-26). Je ne suis rien de tout cela.

Mais je me sens atteint par une malédiction, que Jésus, maintenant, lancerait dans le droit fil de tout l'Évangile : « Malheur à vous, les chercheurs de confort ! » C'est là que je me sens lourd, pas libre. Je suis de mon époque avec sa hantise du confort : être bien, avoir tout ce qu'il faut, acheter, acheter. Et donc gagner.

L'argent ! J'ai pu, très jeune, le défier : « Moi, l'argent, je m'en fous. » J'ai vu de jeunes journalistes arriver dans nos équipes : « Moi, l'argent, bof ! » Oui, mais eux et moi, d'année en année, l'argent nous a eus par le confort et les petits bonheurs, ce que Jésus appelle la consolation : « *Malheureux, vous les riches ! Vous tenez votre consolation !* » (6, 24).

Dans le monde tel qu'il est devenu, l'argent commande tout : pour se marier sans problèmes, élever convenablement des enfants, se sentir en sécurité, se maintenir en bonne santé, aménager de mieux en mieux l'appartement, changer de voiture, se payer la haute-fidélité, être bien considéré dans la famille, par les amis et les voisins. Confort et standing. Ça coûte. C'est utile, l'argent; c'est bon, l'argent. Même les prêtres, les religieux et les religieuses parlent de confort minimum, sécurité, salaires, retraites.

Normal ? Raisonnable ? Mais alors comment t'écouter, Seigneur, quand tu parles de l'argent ? Tu ne l'aimes pas. Pourquoi ? Tu n'aimais pas le confort. Pourquoi ?

Dieu donne-t-il du pain ?

Jésus est attentif aux ennuis des petites gens comme cette femme qui a perdu une pièce de monnaie, mais il se hérisse dès qu'il décèle de la cupidité : « *Je ne suis pas venu pour vos histoires d'héritage.* » C'est le début du long développement de Luc sur Jésus et l'argent (12).

Jésus déteste que l'argent entre en concurrence avec Dieu. Comment supporterait-il une chose pareille ? « *Vous ne pouvez servir Dieu et l'Argent* » (16, 13). Au nom de Dieu, il vient donner la vie et on lui répond : la vie, on se la fait avec l'argent. Mais quelle vie ? En deux portraits-charges, Jésus décrit les gens qui misent sur l'argent. Le riche paysan : « *Je vais bâtir de grands greniers, avec tout ça je vais être heureux pendant de longues années. — Imbécile ! Cette nuit, on va te demander ta vie* » (12, 6).

Et l'homme au grand standing : « *Il y avait*

un homme riche qui s'habillait fastueusement, qui organisait tous les jours d'extraordinaires festins. Et qui se désintéressait totalement du pauvre Lazare en train de crever de faim devant sa porte » (16, 19-31).

Entasseurs inquiets, égoïstes qui ne peuvent plus regarder comme il faut ni Dieu ni frères, voilà les effets de l'argent.

Est-ce qu'il s'agit seulement des gens très riches ? Un garçon de dix ans me disait : « Papa et maman me font réciter le *Notre Père* mais ils ont vachement peur de manquer d'argent. »

Nous en sommes tous là. Nous devons nous battre pour vivre, et cette bataille risque de nous entraîner peu à peu loin de Dieu. A l'heure du salariat et de la Sécurité sociale, ce n'est tout de même pas lui qui va nous donner du pain ? Non, mais lui seul peut nous préserver de l'obsession de « manquer »; lui seul peut nous donner assez d'amour pour construire un monde où personne n'aurait faim. Il attend notre regard sur lui, nos demandes de lumière, de forces, d'intérêt pour nos frères, d'espérance, toutes choses qu'on ne trouve ni chez l'épicier ni à la banque.

Jésus, si sûr de son Père, n'arrive pas à comprendre les inquiets : « *Gens de petite foi !* », constate-t-il (12, 22.32). Quand on a Dieu pour Père, on ne devrait pas avoir d'inquiétude : « *Ne vous inquiétez pas pour votre vie. Vous valez plus que les oiseaux, Dieu fera plus pour vous que pour les lis. Ne cherchez pas ce que vous mangerez, ne vous tourmentez pas. Tout ce qu'il faut pour vivre, les païens le cherchent sans répit, mais vous ! Votre Père ne sait-il pas ce dont vous avez besoin ? Cherchez son Royaume et tout vous sera donné par surcroît.* »

Un des textes les moins vécus. Carrément pris pour irréel, ou tordu jusqu'à ce qu'il entre dans nos prudences. Jésus ne prêche certes pas la fainéantise et l'irresponsabilité. Il faut gagner sa vie, mais les yeux sur Dieu et sur le Royaume. D'abord la recherche du Royaume, et dans cette foulée, dans cette foi, alors faire ce qui est à faire. Refuser à l'argent le pouvoir de nous enfoncer dans des inquiétudes païennes.

Je connais un jeune couple qui vit intégralement le « *Cherchez d'abord le Royaume* ». Près d'eux, j'ai honte de certaines inquiétudes et de certains calculs.

Le confort ou le Royaume ?

Jésus n'aime pas les riches parce qu'ils sont égoïstes, si pleins de petits bonheurs que là-dedans l'amour étouffe. Dès le *Magnificat* éclate le rejet de ces remplis : « *Les riches ? Il les a renvoyés vides* » (1, 53). Le plein et le vide, c'est la doctrine évangélique sur l'argent : de quoi es-tu plein ?

Quel est ton trésor ? (12, 33-34). L'argent est le trésor moderne, ce serait stupide de le nier, mais c'est aveugle de ne pas voir qu'il donne des joies fragiles, très limitées. Il n'est pas une plénitude, il fait semblant de l'être mais il nous la vole.

Rien n'est plus dangereux que le sentiment de suffisance apporté par l'argent. Sa fatalité, c'est de faire de nous des êtres qui perdent l'envie d'aimer, de donner, de se donner. Si vous pensez que j'exagère, regardez autour de vous, regardez-vous. Il y a deux tests faciles.

Le premier : avons-nous encore du temps pour Dieu ? Quelle est notre vie de prière ? Pourquoi disons-nous quand il s'agit de Dieu : je n'ai pas le temps ? Nous donnons ce temps à l'argent, nous cherchons sans limites le confort, et Dieu n'est pas là. D'ailleurs, on ne l'écouterait pas, l'argent rend sourd aux appels, Jésus s'est heurté à ces cœurs bétonnés : « *Les pharisiens, qui aimaient l'argent, écoutaient et ricanaient* » (16, 14).

Partage !

Ce n'est pas mon cas, je ne suis pas du tout un obsédé de l'argent. Alors, deuxième test : donnons-nous un peu ? Beaucoup ? L'Évangile de Luc est plein de cette pressante invite : Donne! Partage! Il n'y a pas de signe plus certain de notre liberté par rapport à l'argent.

Si je donne largement, il me sera donné largement (6, 38). Quoi ? Le bonheur, le Royaume.

A ce sujet, il se peut que dans l'ombre de notre cœur, un scepticisme engendré par la vie reste tapi, le genre de pensées qu'on n'ose débusquer : « Aimer Dieu et mes frères, c'est peut-être un bonheur, mais faut-il tout miser sur ce bonheur au risque d'en perdre beaucoup d'autres ? Pourquoi ne pas additionner ? Dieu plus mes frères, plus ma sécurité, plus mon confort. Est-ce que suivre Jésus exige vraiment des renoncements déraisonnables ? »

A cela, je ne vois qu'une réponse, celle de la sagesse zen : pour savoir si une eau est chaude ou froide, il faut plonger la main. Pour savoir si suivre Jésus est un bonheur qui vaut tous les renoncements, il faut essayer.

Je te rencontre par l'Esprit

L'Évangile ne nous met pas automatiquement en contact avec Jésus. Dans l'existence chrétienne, rien n'est magique, rien n'est automatique.

La rencontre de Jésus par l'Évangile est évidemment une démarche intellectuelle, il faut lire et comprendre, mais c'est aussi et surtout une expérience spirituelle. Un ensemble de lumières, de sentiments et d'activités qui peuvent se traduire par cette formule : je vis quelque chose avec Jésus, par l'Esprit. Jésus, vivant, m'aime là, à cet instant, et veut me parler; l'Esprit, vivant, vivifie cette rencontre, il veut m'éclairer sur Jésus et sur ses paroles, susciter et renforcer l'élan qui va me faire vivre ce que j'ai à vivre, comme Jésus le vivrait. Voilà l'expérience de l'Esprit.

Ce que nous vivons petitement...

« Faire l'expérience de l'Esprit ? » C'est une pensée qui ne m'est pas familière. Je viens de me rendre compte de ce manque en recommençant une fois de plus la lecture de tout l'Évangile selon saint Luc. Mais, cette fois, j'ai poussé jusqu'au deuxième épisode, c'est-à-dire les *Actes des Apôtres*, où éclate si ouvertement l'expérience de l'Esprit. J'ai complété par la lecture de Jean, de 14 à 16, quand Jésus parle de l'Esprit, d'une manière assez déconcertante : « *Vous aurez l'Esprit... Mais vous l'avez* » (Jn 14, 16-17).

Je trouve cela plus clair si je me maintiens dans le domaine de l'expérience. Les apôtres ont vécu, sans bien la réaliser, une première expérience de l'Esprit dans le rayonnement de Jésus : « *Si c'est par le doigt de Dieu* (c'est-à-dire l'Esprit) *que je chasse les démons, alors le Règne de Dieu vient de vous atteindre* » (Lc 11, 20).

Ils ont vécu une autre expérience, celle de l'effusion spectaculaire de l'Esprit à la Pentecôte. Ils ont fait ensuite l'expérience plus discrète de la vie « spirituelle », la vie habitée par l'Esprit, la vie sous la mouvance de l'Esprit.

Voilà pourquoi Jésus, pour parler de l'expérience de l'Esprit, emploie à la fois le présent et le futur, comme pour le règne de Dieu, qui est d'ailleurs le règne de l'action de l'Esprit : il est et il sera plus encore. Les apôtres vivaient déjà de l'Esprit (« *L'Esprit demeure auprès de vous et il est en vous* » Jn 14, 17) ; mais ils en vivront bien plus.

Ce que nous vivons petitement nous pourrions le vivre puissamment : voilà l'approche la plus juste de l'expérience de l'Esprit. Il vaut mieux, ici, avoir des désirs que des mots, des expériences que des théories.

Mais quand nous sommes établis dans le désir de vivre réellement quelque chose, l'éclairage théorique devient utile pour mieux voir notre relation à l'Esprit et ses possibles développements.

Nous « avons » déjà l'Esprit, nous avons eu nos Pentecôtes : le baptême, la première communion, la confirmation, telle date de conversion, de vocation, de pardon héroïque, d'acceptation de la souffrance, un fort engagement fraternel, peut-être l'entrée dans un groupe charismatique, la découverte de l'oraison, une rencontre exceptionnelle de Jésus Christ (« *Nul ne peut dire Jésus est Seigneur si ce n'est sous l'action de l'Esprit Saint* » 1 Co 12, 3).

Pour le Peuple de Dieu, les Pentecôtes récentes c'est Vatican II, une puissante encyclique comme *Pacem in terris*, l'héroïsme des Églises martyres dans l'Est, les combats pour la justice en Amérique latine, le développement des jeunes Églises africaines, la montée générale du laïcat.

Le lien si fort entre Jésus et l'Esprit

Ce repérage de l'Esprit dans chaque vie et dans l'Église peut corriger une manière trop étroite, réductrice, de chercher Jésus Christ. Le vrai Jésus vit en face du Père et il vit de l'Esprit.

Jésus et le Père, nous ne perdons pas trop cet aspect du mystère. Mais Jésus et l'Esprit ? Ou bien nous oublions carrément l'Esprit ou bien — cela arrive — nous imaginons une sorte d'après-Jésus qui serait le temps de l'Esprit.

Il faut encore revenir à la Pentecôte, cœur du message de Luc. L'irruption de l'Esprit ce jour-là donne aux apôtres deux forces qui caractérisent l'action de l'Esprit : savoir annoncer Jésus Christ et avoir le courage de l'annoncer. Du côté des auditeurs la même irruption de l'Esprit leur donne d'accueillir la parole sur Jésus Christ et de se décider pour une vie nouvelle avec lui (Ac 2, 41).

L'expérience de l'Esprit, c'est tout cela : une compréhension décisive de Jésus Christ qui nous fait adhérer à lui de telle sorte qu'on veut vivre quelque chose avec lui, et parler de lui.

A partir de la Pentecôte, l'Évangile va se répandre sous l'action de l'Esprit, selon le dynamisme décrit par Pierre : « *Jésus a reçu du Père l'Esprit et l'a répandu comme vous le voyez* » (Ac 2, 33). Je dois apprendre en effet à *voir* ce lien si fort entre Jésus et l'Esprit : Jésus donne l'Esprit; l'Esprit fait connaître Jésus.

On ne rencontre pas Jésus sans l'Esprit

Je peux m'imprégner de cette vérité en découvrant qu'on parle 6 fois de l'Esprit dans Marc, 11 dans Matthieu, 13 dans Jean et 16 dans Luc. Sans comparaison évidemment avec les 53 fois dans les Actes et 67 fois dans Paul.

Mais paradoxalement, sur la rencontre de Jésus par une expérience de l'Esprit, la sobriété des Évangiles en dit peut-être plus long que la grande rumeur des Actes et des Épîtres.

L'Évangile révèle que Jésus est « rempli de l'Esprit Saint », « conduit par l'Esprit Saint », puissant par « la puissance de l'Esprit ». On est bien obligé d'admettre que le secret de cet être qui fascine et de cette action qui émerveille, c'est l'Esprit. L'exultation dans l'Esprit que signale Luc (10, 21) n'est que l'émergence d'une expérience plus secrète et continue : « *A l'instant même, Jésus exulta sous l'action de l'Esprit.* »

Selon ce que nous pouvons saisir de Dieu (donc par rapport à nous), l'Esprit c'est Dieu agissant pour nous, avec nous et en nous. En Jésus, on peut contempler le modèle de cette habitation de l'Esprit dans un homme : né de l'Esprit, il vit ce que l'Esprit lui fait vivre.

Une telle expérience, les Évangiles ne pouvaient pas la décrire, c'est l'expérience unique de Jésus qui n'en a pas parlé. Il n'a pas parlé non plus de l'expérience qui serait la nôtre parce qu'on ne peut pas dire des choses utiles sur une expérience avant qu'elle soit vécue. Il se contente de l'annoncer très brièvement. « *L'Esprit vous enseignera, vous fera ressouvenir... Il rendra témoignage de moi... Il vous fera accéder à la vérité tout entière...* » Avons-nous assez d'attention pour que ces quelques mots nous disent enfin ce qu'ils veulent dire : on ne rencontre pas Jésus sans l'Esprit.

Si les Actes et Paul sont plus prolixes, c'est que l'expérience de l'Esprit est en train de se vivre dans l'Église naissante avec une intensité unique, pour le grand départ de la mission. Puis on retrouve le calme et le silence des Évangiles : ni le chrétien individuel ni l'Église ne doivent se polariser sur des Pentecôtes, leur vie entière est une Pentecôte.

Il vous est bon que je m'en aille

C'est le sens d'une de ces phrases énigmatiques qui sont le propre du langage sur l'Esprit : « *Il vous est bon que je m'en aille, sinon l'Esprit ne viendrait pas à vous* » (Jn 16, 7). Et pourquoi viendra-t-il ? Pour nous donner Jésus, pour nous donner à Jésus. Il étendra à tous les hommes l'expérience que les apôtres ont vécue; cette proximité de Jésus, cette communion dont nous rêvons.

Et comment cela se réalisera-t-il ? Une autre

phrase étrange l'insinue : « *Il n'y avait pas encore d'Esprit, parce que Jésus n'avait pas encore été glorifié* » (Jn 7, 39).

Si, il y avait l'Esprit! Il couvre la terre et chaque homme depuis les origines. Mais il n'était pas encore donné pour l'œuvre la plus haute du dessein de Dieu, qui allait commencer après la résurrection et l'ascension.

Alors Jésus entre dans une manière d'exister où toutes les limitations sautent. Désormais, par l'Esprit, n'importe quel homme peut rencontrer Jésus Christ plus intimement encore que les apôtres avant la Pentecôte : il vous est bon que je m'en aille... parce que vous allez me retrouver autrement. « *Si nous avons connu le Christ à la manière humaine, maintenant nous ne le connaissons plus ainsi... Le monde ancien est passé, une réalité nouvelle est là* » (2 Co 5, 16-17).

Ce qui explique la curieuse fin de l'Évangile écrit par Luc : « *Il se sépara d'eux et il fut emporté au ciel. Eux, ils retournèrent à Jérusalem, pleins de joie* » (24, 52). Pleins de joie alors que Jésus vient de les quitter ? Luc anticipe la joie de la Pentecôte : les apôtres vont entrer dans l'expérience d'une nouvelle vie avec Jésus, par l'Esprit.

Quand nous nous demandons : avec Jésus, qu'est-ce que je vis ? quelqu'un écoute cette question et fera tout pour nous aider à y répondre : l'Esprit.

Donne-nous ta présence comme à Emmaüs

Que jamais je ne sois séparé de toi. Parfois je ressens durement ton absence. Je crois que ce fut, plus fortement bien sûr, la tristesse des disciples d'Emmaüs (24, 13-35). Ils s'en allaient l'air sombre. Je marche avec eux, je suis comme eux. Il y a beaucoup de pèlerins d'Emmaüs en ce moment, nous avançons sur des chemins d'inquiétude. Comment retrouver la joie ?

A la prière, ce soir, on a chanté le psaume 15 : « *Enseigne-moi le chemin de la vie; la joie est tellement parfaite en ta présence.* » Ta présence. Ta présence dans la vie telle que nous la menons. Je n'ai jamais bien su quelle est cette présence. Peut-on arracher ce secret au fameux chapitre 24 de Luc, le dernier ? On dit qu'il donne ta présence. En tout cas c'est la page la plus aimée.

Première révélation : « *Il les rejoignit.* » Accueillir profondément ces mots. Jésus nous rejoint. Où ? Très exactement dans ce que je suis en train de vivre. L'affirmation a l'air banale, mais je connais peu de gens qui l'acceptent vraiment. A commencer par moi ! Je m'entête à chercher Jésus « ailleurs ».

Essayer une fois de plus d'inverser le cours de ma pensée : je ne rejoins pas Jésus, il me rejoint. Au lieu de m'évader dans des recherches-alibis, dans des projets-rêves, dans l'imaginé, revenir à ma vie très concrète, souvent banale, parfois très difficile, c'est là que je vivrai quelque chose avec Jésus, c'est là qu'il marchera avec moi : « *Il fit route avec eux.* »

Pourquoi cette tentation de sortir de ce que je vis ? Pourquoi ne pas l'attendre là, le fréquenter là ? Il viendra dans le plus prosaïque, le plus tragique ou le plus souriant de ce qui m'arrive.

Que de rendez-vous ratés parce que nous ne l'attendions pas là et nous ne savons pas le voir : « *Leurs yeux étaient empêchés de le reconnaître.* » Voilà notre misère. Je veux bien croire que tu viens dans ma vie, mais comment ? Puis-je reconnaître ta présence ? Ne pas me tromper sur toi ?

Les deux disciples se trompent. Ils s'empêtrent dans les choses vues et pas vues : un prophète puissant, une mort dégradante, la fin des grands espoirs; puis des histoires de femmes, le tombeau vide, des anges qui disent : il est vivant. Mais on ne l'a pas vu, ce mort vivant.

Alors, comme tu les secoues, comme on te retrouve avec tes vivacités : « *Esprits sans intelligence ! Cœurs lents à croire !* »

Voilà le grand mot jeté, le mot que tu aimes : croire. N'être pas lent à croire. N'être pas un lourdaud, un rustre devant les finesses des desseins de Dieu.

Marcher dans la foi

Oserai-je avouer une impression ? Il me semble que lorsque Jésus vient dans ma vie pour faire route avec moi, ça ne change pas grand-chose, sinon que je m'imagine moins seul.

Mais je sais bien que la force de la présence active de Jésus dépend de ma foi. Il ne se passe pas grand-chose parce que je suis sans intelligence des choses de Dieu, je suis lent à croire. Ma vie reste banale parce que Jésus y est sans y être. Je fais peut-être un peu de sentiment mais je ne reconnais pas vraiment sa présence. Seule une foi plus aiguë, plus exercée, pourrait saisir cette présence et en faire le soleil et l'étonnant de ma vie.

Il faut pour cela que je sache mieux qui est Jésus, comment peut jouer sa puissance en moi et dans le monde. Et que j'y croie! Tout dépend de cet acte de foi puissant et renouvelé : je vois ce qu'on peut vivre avec toi, je vois parce que je crois.

Quelle chose extraordinaire la foi! Parce que Jésus est né il y a deux mille ans, parce qu'il est mort par amour, parce qu'il est ressuscité, parce qu'il est le Vivant qui donne la vie, et tout cela parce qu'il est ce qu'il est, tout a un autre sens.

« Nos jours, dit Patrice de La Tour du Pin, dans leur vieillissement se dressent à leur éveil vers sa jeunesse. »

Immense enfantement du monde, fantastique naissance du monde à la fin des temps. Et merveilleux engendrement de ma vie si je voulais, si je croyais davantage. Sans la foi, chaque matin nous vieillit. Avec la foi, chaque matin est un pas vers notre naissance. C'est possible parce que Jésus est vivant et jeune, premier-né d'entre les morts, premier homme enfanté à la jeunesse éternelle. S'il vient nous rejoindre, ce n'est pas pour piétiner avec nous dans de petites choses, c'est pour nous faire prendre un chemin royal.

Il faut la croix

Un chemin difficile. Il le décrit, il montre aux deux disciples ce qu'il faut croire. Quelque chose de très court, qui tient en deux mots. Pourtant tout Jésus est là, toute la Bible, et notre vie : « *Il fallait que le Christ souffrît pour entrer dans sa gloire.* »

Souffrance, gloire. De la souffrance à la gloire. Le chemin d'Emmaüs. Il n'y en a pas d'autre pour faire route avec le Christ. Qui pourra jamais nous expliquer cela ? De la souffrance à la gloire, de la mort à la vie. Pourquoi ? Pourquoi la souffrance ? Jésus ne le dit pas. Il explique seulement ce que disent les Écritures bien lues, lues avec lui : le Messie devait souffrir. C'est ce Messie crucifié qui libère Israël, mais ce n'est pas cette libération qu'attendaient les disciples et ce n'est pas leur Israël. Il faut donc qu'ils cheminent vers des idées neuves.

La vraie foi, dès qu'elle travaille un homme, lui révèle du neuf. Très souvent j'ai lu : « *Il fallait que le Christ souffrît pour entrer dans sa gloire.* » Je recule encore devant cette lumière, elle n'est pas la lumière neuve de ma vie, une lumière qui changerait tout. Je m'accroche à un Jésus avec qui on pourrait cheminer sans passer par la croix. Je croirai, je rencontrerai Jésus, ma foi sera neuve quand j'adhérerai enfin aux Écritures : il fallait la croix, il faudra jusqu'au bout la croix.

Ils le reconnurent

Les disciples ont une deuxième chose à croire, et moi aussi. Ils étaient à table avec lui, il rompit le pain et « *leurs yeux s'ouvrirent, et il leur devint invisible... A l'instant même ils partirent* ».

Tout se bouscule. Quelle erreur ce serait de ne pas se laisser bousculer. De s'arrêter à cette table où les deux hommes auraient pu savourer la rencontre. Mais non, ils ne s'attardent pas à parler de Lui, rien qu'à deux, ils partent, ils vont retrouver « les Onze et les autres », la communauté. Là seulement éclatera le cri qui fait qu'un chrétien est un chrétien : « *C'est bien vrai, le Seigneur est ressuscité !* »

On peut alors avancer jusqu'au bout du chemin et entrer dans l'étrange joie chrétienne, l'absence-présence de Jésus : « *Le Seigneur se sépara d'eux, et eux ils s'en allèrent pleins de joie* » (24, 51-52). Luc, quand il écrit cela, sait que désormais Jésus est invisible mais présent. Voilà la joie, voilà la foi. Est-ce ma foi ? Est-ce cela qui me fait vivre ?

Dans cette page, Luc résume son Évangile : Évangile du chemin, de la table, de la communauté-Église, de l'annonce, et de la joie. L'existence chrétienne est ramenée à un schéma essentiel : notre vie ordinaire souvent confuse et accablée, la Parole-lumière, l'Eucharistie comme double rencontre divine et fraternelle et enfin la mission : aller dire.

Dire quoi ? Pas un catéchisme bien appris, bien récité, mais la Rencontre : « *Ce qui s'est passé en chemin et comment nous avons reconnu le Christ* » (24, 35).

Que je reste avec Toi !

Reconnaître le Christ, c'est voir en lui le crucifié ressuscité. Cette mort et cette résurrection font de lui le Sauveur : « *Le Christ souffrira, il ressuscitera, et on prêchera en son nom la conversion, et le pardon des péchés à toutes les nations.* »

Le chemin d'Emmaüs explose en routes du monde. Partout des hommes sont allés dire le nom de Jésus et sa puissance de salut par sa Résurrection. Hélas, comment a-t-on pu, parfois, transformer ce message en code de morale, en recueil de conseils, et même en pastorale de la peur ? « Dieu est terrible. Si tu fais ceci, si tu ne fais pas cela, tu brûleras en enfer. »

Bien sûr, il faut prêcher la conversion et le pardon des péchés, mais une conversion d'amour et un pardon d'amour, parce que tout cela se vit avec Celui qui nous convertit et qui nous pardonne si nous parvenons à croire en lui, à sa puissance de salut à cause de ce qu'Il est.

Notre route vers lui ressemble au chemin d'Emmaüs, elle est jalonnée par des noms qui symbolisent des étapes de la découverte : d'abord l'Inconnu, puis Jésus de Nazareth, le Prophète, le Christ. Et enfin le Seigneur ! Croire, c'est dire « Seigneur » de telle sorte que la vie soit changée.

Elle se joue désormais devant et avec la Présence invisible. Avant la grande découverte, les disciples disaient : « *Reste avec nous.* » Après, pleins de joie parce qu'ils vivent déjà de la mystérieuse Présence, ils nous apprennent à dire : « Que je reste avec Toi ! »

Jésus selon Jean

Au commencement, tu étais

Deux chemins nous font entrer dans la connaissance de Jésus. Celui que nous avons pris jusqu'ici dans ces méditations : à force de regarder Jésus de Nazareth on passe de l'étonnement à la foi, de Jésus homme à Jésus Dieu. Mais si nous avons reçu la foi dès notre enfance, ce chemin n'est plus possible. On nous a tout de suite appris que Jésus est Dieu et nous le regardons à travers ce que nous croyons savoir de Dieu.

Nous y perdons la découverte progressive de Dieu dans les gestes et les paroles de Jésus. C'est lui qui vient nous révéler Dieu mais nous nous hâtons de l'habiller nous-mêmes en Dieu avec nos idées sur Dieu. L'effort possible serait de reprendre à zéro, de la manière la plus vierge, une lecture de Marc qui nous remettrait dans les premiers pas de la foi, sans penser trop vite : puisque Jésus est Dieu, il doit être comme ceci et comme cela, il doit éprouver ceci et cela. Non, il faudrait regarder très « purement » ce qu'il fait et écouter ce qu'il dit jusqu'à pressentir un peu ce qu'il est, et donc ce que par lui nous pouvons savoir de Dieu.

Il y a un autre chemin, la route de Jean : la vertigineuse ascension du Prologue, puis des zones plus familières, mais coupées par des paroles qui nous arrachent à notre espace et à notre temps : « *Si je te disais les choses du ciel ?* » (3, 12) ; « *Avant qu'Abraham ne fût, je suis* » (8, 58) ; « *Père, glorifie-moi de la gloire que j'avais avant que le monde soit* » (17, 5). Avant ? Quel avant ?

Au commencement était le Verbe

Je voudrais avancer ici avec beaucoup de précautions. Nous sommes aux frontières de la Révélation, là où poussant jusqu'au bout notre effort pour comprendre nous devons admettre que les terres de Dieu ne sont pas les nôtres.

Premier face à face avec ce que Dieu veut nous dire de lui : « *Au commencement était le Verbe, et le Verbe était en Dieu, et le Verbe était Dieu* » (1, 1).

Le Verbe, la Parole. Essayons de penser à quelqu'un qui parle, qui s'exprime. On se dit parfois très bien, il suffit de penser à l'émerveillement de deux amoureux en train de faire connaissance par leurs paroles. Mais tant d'autres fois on gémit : « Tu ne me comprends pas, tu ne vois pas qui je suis. »

Poussons cette parole déficiente et fragile jusqu'à une Parole qui serait enfin l'expression parfaite de Quelqu'un, et si consistante, si dense, qu'elle se dresserait vis-à-vis de ce Quelqu'un comme une Réalité aussi forte que Celui qu'elle exprime. Elle aussi serait Quelqu'un.

Balbutié, voilà en Dieu le mystère du Verbe. Parole du Père, révélation du Père. « *Qui me voit*, dira Jésus, *voit le Père.* » Et pourtant le Père et sa Parole sont totalement différents, autre balbutiement pour approcher le plus possible et contempler. Ils sont différents parce que le Père est tout entier Père; et la Parole qui jaillit de lui est en forme de Fils. Le Fils est tout entier Fils.

Nouveau balbutiement : cette Parole, Réalité différente, reste pourtant si une avec le Père que nous devons penser au Père et au Fils sans jamais blesser notre adoration d'un Dieu unique. Il faut dire la même chose de l'Esprit. Vous avez dû remarquer que j'ai évité d'employer le mot « Personne », parce que dans notre langage actuel il évoque une telle autonomie que cela risquerait de nous faire glisser vers trois dieux.

C'est peut-être « relation » (le Fils tout entier relation au Père) qui nous aide le plus à adorer en Dieu une plénitude de vie où des relations denses jusqu'à se « personnaliser » tissent une unité faite de dons et d'accueils.

Nous nous sommes ainsi avancés jusqu'à une

coexistence de l'un et du multiple qui est le suprême mystère et le suprême triomphe de l'amour. « *Qu'ils soient un comme nous sommes un !* » Nous pouvons rester là, paisibles, malgré l'inachèvement de nos pensées. Nous ne sommes devant le vrai Dieu que lorsque nos idées sur lui se sentent courtes, inajustables, impuissantes, mais heureuses et adorantes.

Le Verbe s'est fait chair

Jésus-Verbe est donc du monde de Dieu. Pour dire cela, Jean aime le mot vie : « *En lui était la Vie* » (1, 4). Le Verbe exprime toute la vie intime de Dieu, et il exprime et réalise toute la vie que Dieu veut créer. « *Tout a été fait par lui.* » Si parfaite expression, si puissante action, il est, dit Jean, notre « *Lumière* » (1, 4-9), avec lui nous sommes dans la vérité.

Je reste un moment sur ces sommets, je respire cet air de Dieu. Et voici soudain la deuxième révélation du Prologue, le deuxième seuil que nos pensées d'homme peuvent approcher, jamais le franchir : « *Le Verbe s'est fait chair* » (1, 14).

Chair, brutalité du mot pour tuer toute tentative d'atténuer cette vérité insondable. Le Verbe de Vie, le Fils de Dieu, s'est fait vraiment homme. Tous les combats sur ce terrain se sont cramponnés aux trois mots de Jean, « *le Verbe s'est fait chair* », en leur ajoutant le renforcement obstiné de *vrai* et de *vraiment* : Jésus Christ est vrai Dieu, vraiment Dieu; et vrai homme, vraiment homme.

Homme ? Exactement ce que nous sommes, jusqu'au plus fragile de notre chair si vite bouleversée, si menacée. Le Verbe n'est pas venu jouer avec cela, il s'est enfoncé dans la condition humaine. Lentement, de sa conception jusqu'à son dernier cri sur la croix, le Verbe se fait chair, devient ce que devient un homme. Il ne s'habille pas d'humanité comme s'il était au théâtre, il entre dans toutes les réalités d'une vie d'homme pour se naturaliser, minutieusement, homme (les trente années de Nazareth!). Qui aurait pu rêver d'une telle proximité ? Dieu vivant ce que nous vivons, pouvant éprouver comme nous la beauté et le poids de nos jours.

A-t-il vraiment vécu notre vie comme nous ?

Nous ne pouvons pourtant pas échapper à une pensée : Jésus a-t-il vraiment (vraiment!) vécu notre vie comme nous ? Puisqu'il était Dieu, il gardait des privilèges de Dieu ? Sans doute, mais n'essayons pas ici de vouloir que le mystère ne soit plus mystère. Evitons des images d'ajout : le Verbe ajoutant à sa vie divine une vie humaine. N'imaginons pas Jésus comme un homme qui pouvait aller se réfugier dans un au-dessus de lui-même, où il savait tout et où il était heureux autrement que nous. On retomberait dans les idées d'un Dieu qui joue à être un homme.

Mais il était mieux que nous ? Oui, dans la ligne même où davantage pénétré par Dieu nous pourrions être beaucoup mieux. Lui seul, c'est vrai, a pu aller au bout de cette ligne, « *à l'extrême* », dit Jean (14, 1). Sa divinité a pu envahir son humanité en la laissant humanité. C'est cette idée d'osmose parfaite et unique qui peut nous aider le plus à contempler son mystère : Dieu a voulu devenir un homme, et cet homme dans toutes ses fibres a été totalement et constamment ouvert à Dieu.

Si totalement qu'en lui, affirme Jean, nous avons pu voir Dieu : « *Le Verbe s'est fait chair, il a planté sa tente parmi nous, et nous avons vu sa gloire de Fils. Personne n'a jamais vu Dieu. Le Fils qui est dans le sein du Père nous l'a dévoilé.* »

Ne perdre aucun regard

Dieu chez nous. La Présence et la Gloire. Quelle gloire ? La Gloire de Dieu, la puissance, l'éclat et la sainteté de Dieu. Je peux voir tout cela en regardant Jésus. « *Qui me voit, voit le Père. Ne crois-tu pas que je suis dans le Père et que le Père est en moi ?* » (14, 9-10).

Je veux le croire. Je peine à le croire, tu le vois bien, Jésus, mais je me maintiendrai là, je ne m'évaderai pas de ton Évangile, je veux regarder Dieu en te regardant, je veux fréquenter Dieu en prenant rendez-vous avec toi. Je veux apprendre de toi, recevoir de toi ce qui est mon salut et ma vie : être fils comme toi. « *A ceux qui l'ont reçu, il a donné le pouvoir de devenir enfants de Dieu* » (1, 12). Nous entendions cela, autrefois, à la fin de chaque messe. Peut-être est-ce bon de retrouver ce texte nettoyé de la routine qui avait éteint la splendeur des mots.

Enfant de Dieu. Ne pas rester un étranger. Mais qui est Dieu ? Je l'apprends en regardant Jésus comme Marc et Jean l'ont regardé, chacun à leur manière. Le Jésus de Nazareth de Marc mais aussi le Verbe de Vie de Jean. Ne perdre aucun de ces regards, sinon je n'aurai pas tout Jésus Christ, je n'aurai pas Jésus Christ.

Marie est la plus proche de toi

Il faut chercher Jésus aussi par Marie. On connaît mieux quelqu'un quand on sait qui il aime et comment il aime. Jésus a aimé Marie.

On dit tout sur Marie quand on dit qu'elle est la plus proche de Jésus. Dès l'Annonciation, elle est entrée dans la sphère de son fils, elle n'a plus vécu que pour lui et de lui. Mais pas dans des mignardises. Elle a dû porter deux terribles souffrances : être dépassée par le mystère de son Fils (Lc 2, 50; Mc 3, 21-31) et le voir souffrir.

Elle a tenu par sa foi. Méditer sur ce qu'on sait d'elle nous apprend qu'on ne tient près de Jésus que par la foi. A coups de foi d'acier, elle a su faire exactement ce qu'il fallait faire pour être aimée de lui. Elle accueillait les étrangetés de ce Fils, elle se taisait ou disait des mots brefs et efficaces, comme à Cana. Elle a pu rester debout près de lui quand il était Jésus à l'extrême, sur la croix.

Marie de l'Évangile, et non Marie de nos imaginations, c'est cette femme forte qui progresse en foi robuste, dans le silence, la justesse d'attitude, un soulèvement permanent pour rester coûte que coûte près des sentiments de Jésus quand il prend de la distance. « *Celui qui veut me suivre...* » Qui a suivi Jésus plus parfaitement ? Voilà pourquoi il l'aime. Quand nous les regardons ensemble nous approchons un amour inouï. Il n'y a pas de dévotion à Marie, mais à Marie aimée par Jésus.

La folle confiance

« *Ils n'ont pas de vin. — Et alors ? Que me veux-tu ?* » Pourquoi adoucir ? A Cana, Jésus refuse une demande trop humaine de mère à fils. Il redevient ce qu'il fut pour la première fois à douze ans au Temple (Lc 2, 49), le fils incompréhensible qui se meut dans le mystère : « *Mon heure n'est pas encore venue.* »

Immédiatement, Marie se hausse à ce niveau. Il faut noter comment Jean la voit souple et rapide pour dire oui aux desseins de Dieu. Quelle est cette heure ? Peu lui importe, sinon d'être ajustée au mystère : « *Quoi qu'il vous dise, faites-le.* »

Qu'on ne me raconte pas qu'elle était sûre d'être exaucée, qu'un sourire de Jésus le lui disait. Alors, on tue la vraie Marie, on tue ce que l'Évangile veut nous révéler sur la foi, pour Marie comme pour nous. Elle ne comprend pas mais elle se jette là où elle est appelée.

Elle ne sait pas ce qu'il dira et ce qu'il fera, il n'a encore jamais fait des choses extraordinaires (« *Tel fut, à Cana de Galilée, le commencement des signes* », dira Jean, 2, 11). Pourtant elle est poussée à tout attendre de lui, et cette pression de sa folle confiance est si forte, si pure, si inconditionnelle que Jésus cède. Non à sa mère mais à celle qui croit en lui alors qu'elle n'a encore rien vu (Jn 20, 29). Ou, si l'on veut, il cède à sa mère parce que, l'enfantant une seconde fois, c'est elle qui le fait naître à la vie publique, à la première de ses paroles de puissance.

« *Remplissez d'eau ces jarres... Ils les remplirent à ras bord... Et ce fut le premier de ses signes.* » Le premier signe est donc donné à la foi de Marie et pour la joie. Ainsi commencèrent les noces messianiques, la grande fête des retrouvailles entre Dieu et les hommes, le vin de la Joie. Ne pas toujours lier Marie à la tristesse!

Ce qu'elle obtient à Cana la dépasse : bien au-delà d'une grande joie pour le jeune couple c'est le signe que Jésus changera tout et comblera nos manques. En lisant « *ils n'ont pas de vin* », plutôt qu' « *ils n'ont plus de vin* », on suggère qu'ils n'avaient pas le vin de la vraie joie.

Nous ne l'aurons pas non plus sans apprendre de Marie à forcer Jésus par notre confiance. Jean insiste sur la grande réussite de cette confiance. Jésus répond à la foi de Marie en faisant son premier miracle avec magnificence : « *Remplissez ces jarres. — Ils les remplirent.* » Et cela veut dire 600 litres de bon vin ! Comment ne pas m'interroger sur les jarres de ma confiance ? Jésus peut tout remplir, mais si je ne lui présente qu'un petit gobelet...

Qui est ma mère ?

Une remarque de Jean : « *Sa parenté ne croyait pas en lui* » (7, 5), nous renvoie au rude Marc 3, 31-35 (à compléter par le non moins rude Luc 11, 27-28), qui nous montre que pour être aimé de Jésus la bonne route n'est pas la route sentimentale. Il y a un goût pour les *Nativités* et les *Pietà* qui ne va guère plus loin que l'émotion facile et une connaissance très superficielle de Jésus. « *N'est-ce pas*, disaient les Juifs déroutés par les paroles sur le pain de vie, *ce Jésus dont nous connaissons très bien le père et la mère ?* » (6, 42). « *Celui-ci*, reprenaient d'autres juifs aussi perplexes, *nous savons bien d'où il est* » (7, 27). « *Ah !* réplique Jésus, *vous me connaissez !* »

Laissons-nous atteindre profondément par cette ironie. Nous croyons connaître Jésus, nous n'aimons pas qu'il nous soit déroutant, nous choisissons dans ses attitudes et ses paroles le doux et le clair. Marie ne choisit pas, elle accepte les choses les plus déroutantes, elle les conserve dans son cœur, elle les assimile à force de foi, et quand la lumière vient elle fait un nouveau bond dans la connaissance de son Jésus difficile.

Revient la nuit. Marc ose montrer Marie indécise. La parenté, qui doute de Jésus (Jn 7, 5) et qui pense même qu'il est fou (Mc 3, 4), l'a entraînée dans une de ces démarches dont toutes les parentés ont le secret : « Viens, on va le raisonner. » Mais les voilà bloqués devant la maison de Capharnaüm où Jésus parle. Marie à la porte ! On fait passer un message : « *Ta mère et tes frères te demandent.* » La réponse arrive, désarçonnante : « *Il nous a dit : 'Ma mère ? Qui est ma mère ?'* »

Marc, l'homme des choses vues, note que Jésus a regardé très attentivement les gens autour de lui : « *Voilà ma mère et mes frères. Celui qui fait la volonté de Dieu, voilà mon frère, ma sœur, ma mère.* »

Là encore on se dépêche d'adoucir : quel beau compliment pour Marie ! Qui plus qu'elle fait la volonté de Dieu ? Exact, mais recevons d'abord tel quel le coup. Jésus ne s'est pas levé, Jésus laisse à la porte sa mère à qui un intermédiaire lance : « Ton fils a dit : Qui est ma mère ? »

Nous ne savons pas la réaction de Marie. Elle a enfoui dans son cœur, comme toujours, la parole de ce fils pas comme les autres, qui tient si peu compte des liens du sang et de l'amitié, et place si haut une autre raison d'être aimé de lui : faire la volonté de Dieu. « *Vous êtes mes amis si vous faites ce que je vous commande, si vous vous aimez* » (Jn 15, 14).

C'est en écoutant cela que nous apprenons à

connaître le vrai Jésus. Il déteste les sentiments et les paroles qui ne transforment pas. Et les gens qui veulent son amitié sans la payer trop cher. Chassons ici des illusions : nous ne serons ni son ami ni sa mère, si nous ne faisons pas ce qu'il attend de nous.

Sa mère! Parole à longue résonance. A un premier niveau, nous sommes pour lui comme sa mère, Marie, quand nous nous révélons de la race qui dit oui à Dieu. Mais, plus profondément, nous sommes sa mère quand nous l'enfantons en nous et autour de nous. Ce n'est pas une simple image ou un rêve, le Père veut des milliers de Christ. « *Mes petits enfants*, disait Paul à ses Galates, *je vous enfante jusqu'à ce que le Christ soit formé en vous* » (Ga 4, 19).

Stabat

A la dernière étape, Marie, une fois de plus, est exactement comme Jésus la veut, pleinement croyante, pleinement participante, là où tous les hommes, et jusqu'à la fin, resteront hésitants. Pourquoi Jésus en croix ? Comment cette mort est-elle le salut du monde ? Pourquoi et comment souffrir avec lui ?

Marie a vu assez aisément qu'elle était la mère du Messie. Elle n'accédait que lentement et difficilement au mystère de l'unité si inouïe qu'elle découvrait entre son fils et Celui qu'il appelait son Père. Et maintenant se levait un nouveau mystère : que fallait-il penser en voyant Jésus souffrir et mourir de cette façon ?

Jésus la soulève jusqu'à cet ultime acte de foi : croire que vaincu il est vainqueur, rester avec lui dans l'amour au milieu de tant de haine, croire que c'est bien comme cela qu'il est le Messie libérateur et que quelque chose d'immensément nouveau va naître de sa mort.

Elle est près de lui comme jamais. Capable, formée par lui, d'entrer dans ses sentiments. Crucifiée avec lui et pouvant l'aider à trouver ce que désormais il allait chercher : des frères, des hommes qui acceptent comme lui l'amour et la croix.

A cette heure de solitude, ils ne sont pas seuls, ils sont en face du Père et en face des hommes. La sachant si unie à lui, il peut élargir sa maternité. « *Regardant la mère et près d'elle le disciple qu'il aimait, Jésus dit à la mère : femme, voici ton fils* » (19, 26).

En ce disciple, nous étions tous. Marie nous aime. Mais il faut bien voir de quel amour. Ceux qui vont à Marie en marge de l'Évangile inventent une mère inquiète qui voudrait protéger ses enfants contre la vie. Ceux qui la cherchent dans l'Évangile découvrent qu'elle n'a jamais été craintive, ni pour elle ni pour Jésus. Elle ne le sera pas pour nous. Il ne faut pas lui demander autre chose que de mieux connaître Jésus et de devenir un autre Jésus. Et donc d'être pour nous Marie de l'Évangile.

Fais-nous connaître le Père

Quel Jésus voulons-nous rencontrer ? Si en Jésus nous ne rencontrons pas aussi le Père, nous n'avons encore rien compris, nous méritons le reproche amical et un peu découragé que Jésus fait à Philippe : « *Seigneur*, disait Philippe, *montre-nous le Père. — Je suis avec vous depuis si longtemps et tu ne me connais pas encore ! Celui qui m'a vu a vu le Père. Comment peux-tu me dire : montre-moi le Père ? Ne crois-tu pas que je suis dans le Père et que le Père est en moi ?* » (Jn 14, 8-10).

Celui qui m'a vu... Ne crois-tu pas ?... Le glissement de *voir* à *croire* nous avertit qu'une certaine manière superficielle de voir Jésus ne nous conduit pas jusqu'au mystère du Père. Mais dans ce cas, nous n'allons pas non plus jusqu'au mystère de Jésus. Il faut « voir-croire-voir », c'est-à-dire croire assez en Jésus pour voir qu'il est Fils. Et tellement Fils, tellement constitué, personnalisé, tellement existant pour et dans cette filiation qu'il est impossible de le fréquenter sans fréquenter le Père.

« Jésus me suffit »

Impossible ? C'est pourtant ce que font beaucoup de chrétiens. Ils disent explicitement ou par leur comportement : « Jésus me suffit. » Alors, ce n'est pas Jésus. A l'extrême rigueur, on peut lire Marc, Matthieu et Luc en laissant Jésus souvent « seul », sans le Père. Mais l'Évangile selon Jean nous a été donné pour que nous soyons saisi par le mystère essentiel : « *Je ne suis jamais seul* » (16, 32).

C'est vrai que Jésus suffit, à condition de bien le « voir », et ce n'est pas facile. « *Qui m'a vu, a vu le Père... Je suis dans le Père et le Père est en moi...* » Puis cette autre révélation : « *Je suis, et je ne fais rien de moi-même* » (8, 28). Fantastique revendication, « Je suis » étant le nom même de Dieu. Mais déroutant repli : « Je ne fais rien de moi-même. »

Les dimensions de Jésus

Ces paroles et beaucoup d'autres, selon le style répétitif de Jean, nous ramènent constamment aux dimensions de Jésus Christ, à ce qu'on pourrait appeler « tout Jésus Christ ». Il faut torturer pour lui le mot exister : Jésus de Nazareth a existé, mais Jésus Fils de Dieu préexistait et Jésus Christ maintenant « assis à la droite de Dieu » surexistera éternellement : « *Vous me verrez vivant et vous vivrez aussi. Vous connaîtrez que je suis en mon Père et que vous êtes en moi et moi en vous* » (14, 19-20).

Cette puissance d'exister, en lui-même et dans les croyants, lui vient d'une autre existence en Dieu : « *Père, tu m'as aimé avant la fondation du monde* » (17, 20).

Devant une telle parole, comment ne pas pressentir qu'il s'agit de la révélation des révélations : en Dieu, il y a un Père et un Fils.

Jamais Jésus sans le Père

Nous sommes pourtant très loin d'une envolée dans le mythe et dans l'imaginaire, très loin même d'une vérité à contempler « là-haut ». L'évangéliste ne cherche pas à décrire l' « avant » de Jésus Christ, le Verbe au sein du Père, son envoi dans le monde. C'est dans ce monde, chez nous, dans une existence humaine, que Jésus nous révèle son mystère et le nôtre : un mystère de fils.

« *Ce que je vous enseigne vient de Celui qui m'a envoyé... Je ne fais rien de moi-même... Ma nourriture c'est de faire sa volonté... Je connais mon Père... J'aime mon Père... Le Père est avec moi... Le Père est en moi, je suis dans le Père...* » Impossible de donner les références, tout l'Évangile de Jean est cette litanie d'amour : le Père, le Père, le Père.

Il n'y a jamais Jésus sans le Père, et c'est parfois si fort que les textes d'union (lui en moi et moi en lui) risquent de nous pousser vers des confusions, Jésus disparaissant dans le Père *(« Je ne fais rien de moi-même »)* ou le Père tout donné en Jésus *(« Qui m'a vu a vu le Père »)*. Mais ce serait de mauvaises lectures : Jésus n'est pas la copie du Père, en le révélant il révèle un Autre. Et le Père n'annihile pas le Fils, il lui donne tellement d'être et d'agir que Jésus n'étant que Fils est pourtant l'égal du Père.

Être autant fils que frère

Ce ne sont pas là des choses qui pourraient devenir un jour très claires. Dans ce corps à corps avec le mystère pour mieux en vivre, nous risquons deux défaites : trop écarter Jésus du Père ou les superposer. Si j'osais, je dirais que notre fréquentation des deux doit être stéréophonique. Ce qui exige de rester sur le qui-vive pour tout vivre. Car il nous est demandé d'être aussi fils que frères, autant fils de Dieu que frères des hommes.

Nous sommes instinctivement accordés à ce qui concerne l'amour fraternel. Nous le sommes beaucoup moins quand il s'agit de vivre avec le Père des cieux un amour filial. Une certaine hantise d'être fraternel nous fait oublier l'étonnement et la douceur d'être les fils de Dieu.

« *Maintenant*, dit Jésus, *mon âme est troublée. Vais-je dire : Père, sauve-moi de cette heure ? Mais c'est pour cette heure que je suis venu* » (12, 27).

Jésus, troublé, regarde le Père. A l'heure de l'angoisse, avons-nous ce mouvement vers le Père ? Pour répéter la prière de Jésus : « *Père que ta volonté soit faite.* » J'ai vu, dans ma vie de prêtre, bien des gens refuser de dire cela, ne pas pouvoir le dire.

Parce que c'est trop difficile, devant une épreuve horrible, de voir où est la volonté du Père. Veut-il vraiment cette souffrance ? A cette maman qui regardait mourir son fils de trois ans, à cet ami qui venait de perdre sa femme dans un accident, à cet homme qui sortait de chez le médecin et qui avait compris qu'il s'agissait d'un cancer, pouvais-je parler de la volonté de Dieu ?

Il fallait bien, pourtant, écouter les terribles pourquoi ? Pourquoi elle ? Pourquoi moi ? Quand on a pu endurer mes mots, j'ai dit ce que je me dis à mes propres moments de nuit, et ce que j'essaierai de dire à des heures plus difficiles : « Je ne comprends pas, mais je sais que tu m'aimes. C'est trop dur pour moi, mais je sais que tu vas m'aider. »

Je sais ? Oui. Je sais que Jésus disait : Père ! Qu'il nous a appris à dire : Père! Un père ne peut pas vouloir la souffrance de son enfant, il l'accompagne dans cette souffrance et il souhaite que son enfant la porte le mieux possible.

A ces moments atroces, je crois que le Père suit anxieusement, avidement, notre courage. Le courage d'être un homme. Sa volonté sur nous enveloppe l'ensemble de notre vie. C'est son amour qui nous a offert notre vie, elle doit être un cadeau plus précieux que nous ne l'imaginons. Aux heures éblouissantes, nous lui disons merci. Aux heures sombres, nous lui disons : pourquoi ? Ma seule lumière, c'est de regarder plutôt des ensembles, l'ensemble de son amour, l'ensemble de ma vie. Dans le détail, je ne vois pas clair, je pressens seulement que je suis appelé, toujours en même temps, à ma confiance en lui et à mon courage.

Sa volonté, je ne la vois pas extérieure à moi, ce qu'il veut c'est que je porte le mieux possible ma vie, et là il peut m'aider et il m'aide. Cela se voit dans la manière dont des hommes et des femmes vivent avec Dieu et par Dieu leur souffrance. Un langage maladroit a pu faire croire qu'il voulait parfois notre souffrance, il ne la veut jamais, mais selon nos appels il entre dans cette souffrance et dans notre courage. Nous pouvons dire alors : « Que ta volonté soit faite. » C'est sa volonté que je sois tel que je dois être, que je porte ce que j'ai à porter. Si c'est aussi ma volonté (même tremblante, pleine de pourquoi ? et de soubresauts), je suis son fils et il est mon Père.

Tout cela, qui peut mieux me l'apprendre que

Jésus ? Par tout son comportement et son langage, souvent très mystérieux, il montre que sa recherche de la volonté du Père coïncide avec la recherche de ce qu'il doit faire pour être lui-même, pour accomplir sa mission. Il y a bien deux volontés, mais pas extérieures l'une à l'autre. Si je peux avancer dans cette voie, dire « Que ta volonté soit faite » signifiera aussi : « Que soit faite ma volonté profonde, celle d'être à la hauteur de ma vie, à force d'amour et de courage. »

Ton amour de Père me fait peur

Certains disent « Père » sans vraiment le penser. Des images de majesté, de puissance, de sainteté redoutable, les paralysent. Peut-il me regarder sans me condamner ? Que suis-je devant lui ?

D'autres, à l'opposé, tirent de l'idée de Père des comportements de facilité. « Dieu est bon, Dieu nous aime, Dieu comprend tout. »

Je crois que nous peinons tous à trouver la relation juste. Nous n'y arriverons qu'en regardant Jésus. « *Seul*, répète-t-il, *le Fils connaît le Père*. » Cette connaissance le rend heureux, heureux d'être fils. C'est par là que nous devons commencer notre apprentissage filial et c'est là que nous devons toujours revenir : à la joie d'être fils.

Mais Jésus ressent aussi très vivement les exigences d'une telle filiation et il nous fait tellement partager ce sentiment *(« Soyez parfaits comme votre Père céleste est parfait »)* que cela nous fait peur, notre joie d'être fils s'assombrit.

Mauvaise peur ? Pas forcément si elle nous pousse à regarder de plus près une affirmation qui nous paraissait simple : « Notre Père céleste nous aime. »

Je suis sûr que le Père m'aime. Mais que puis-je savoir de cet amour ? Comment Dieu aime-t-il ? Tous les amours sont exigeants et difficiles à vivre. Que dire de ce qui peut se passer entre le Père et moi ? Devant le mal et la souffrance on pense parfois : « Si Dieu nous aimait... »

Jésus nous apprend une chose douce et terrible : nous ne devons pas avoir peur de n'être pas aimés, mais peur d'être autant aimés. C'est lourd et léger, éblouissant.

Qui es-tu, toi qui nous aimes ? Comment es-tu Père pour nous, comment Dieu est-il Père ? Comment puis-je être ton fils ? Je ne peux vraiment le savoir qu'en voyant comment Jésus est Fils. Il dépend si totalement de toi qu'on pourrait croire qu'il dissout sa vie dans cette dépendance, mais qui existe plus que lui ?

Père, je veux dépendre de toi. Je ne veux exister que par cette dépendance, je veux que grandisse en moi la peur de ton amour pourvu qu'elle soit la peur de ne pas t'aimer comme tu attends d'être aimé.

Tu es la Vie

Au début de son Évangile, Jean affirme : « *En lui était la vie* » (1, 4). A la fin, il explique : « *J'ai écrit tout cela pour qu'en croyant en lui vous ayez la vie* » (20, 31). Il a composé un drame de la vie : Jésus vient l'offrir, les hommes la refusent. Pourtant, ils veulent vivre, ils cherchent la vie mais ils la cherchent mal.

Plus que jamais nous avons faim de vivre. Les maîtres actuels des méthodes d'éveil commencent tous par la fascinante promesse : « Vous vivez à 20 pour 100, je vous ferai vivre à 100 pour 100. »

Comment ne pas penser à une promesse plus sûre ? « *Je suis venu*, dit Jésus, *pour que les hommes aient la vie, et en abondance* » (10, 10). Il est aussi affirmatif qu'on peut l'être dans une déclaration inouïe : « *Je suis la vie* » (14, 6). Une parole décisive qui met pourtant beaucoup d'années à nous atteindre. Je l'ai entendue il y a longtemps et j'ai quand même cherché à vivre autre chose, sans river mes yeux sur Celui qui ose nous dire : « *Je suis la vie.* »

C'est tellement fort que pour nous y acheminer Jean accumule les images et les actions qui font de son Évangile le poème de la vie : Jésus est l'eau vive, le pain, la guérison, la porte de la vie, la lumière, la résurrection. De page en page, nous sommes conduits au grand cri : « *Si quelqu'un a soif, qu'il vienne à moi ! Qu'il boive ! De moi jaillissent des fleuves d'eau vive* » (7, 37-38).

Si tu savais le don de Dieu !

Comment boire à ce torrent ? Jésus le dit à la Samaritaine : « *Si tu savais le don de Dieu !* » (4, 10). La vie est donnée. Là encore, quoi de plus clair ? Mais nous sommes aveugles pour ces clartés. Qui donc a mis en nous ce sentiment obstiné que pour vivre en plénitude, il faut seulement beaucoup d'idées, beaucoup de morale et beaucoup de courage ? Il faut d'abord le don de Dieu ! La demande à Dieu. Et que viennent, après, les idées, la morale et le courage. Pour Jean, vouloir vivre c'est penser premièrement au don de Dieu.

« *Dieu a tant aimé le monde qu'il a donné son Fils, son Unique, pour que tout homme qui croit en lui ait la vie éternelle* » (3, 16). Tout est d'abord don : la première rencontre de Jésus, grâce à quelqu'un ou grâce à un texte ; la première recherche plus intense, la première lumière décisive : « *Nul,* dit Jésus, *ne peut venir à moi si le Père ne l'attire* » (6, 44). Mais on peut, hélas, refuser cette offre de la vie, c'est le drame des juifs, symbole du drame de tout homme appelé à se situer par rapport à Jésus : « En lui, la vie t'est offerte, que décides-tu ? »

Le don de Dieu attend notre réponse : cette vie offerte en Jésus, il faut la saisir en adhérant le plus puissamment possible à Jésus par la foi. Ce qui ne veut pas dire d'abord aux idées de Jésus. La vie, ici, ne se saisit pas en adhérant à des idées mais à Quelqu'un.

Nous savons parfaitement cela et nous l'affirmons volontiers. Tout en continuant d'ouvrir l'Évangile seulement pour des enseignements : « Qu'est-ce que Jésus a voulu dire ? Comment actualiser cela et le faire passer dans le concret quotidien ? » Non ! D'abord : « Qui es-tu ? » Alors, de cette question passionnée, entêtée et contemplative, jaillit la foi véritable qui nous fait entrer en communion avec Jésus, et donc entrer dans la vie.

Je me souviens qu'enfant, un vieil ami de mes parents m'avait fait cadeau de l'*Imitation de Jésus Christ.* C'était très au-dessus de mon âge et je n'avais été frappé que par la citation de Jean 8, 12 : « *Je suis la lumière du monde. Celui qui me suit ne marchera pas dans la nuit, il avancera dans la lumière qui conduit à la vie.* » J'ai sûrement pris là le désir de marcher dans ce soleil pour vivre.

Saisi par ce texte ou par un autre qui nous livre entièrement à Jésus, on peut alors progresser dans la foi-intelligence, on est « enseignable », et cela se sent à des signes qui ne trompent pas : un accueil profond de l'Évangile, une joie émerveillée d'être enseigné par Dieu. J'éprouve mieux cela depuis une sorte de découverte de Jean 6, 45-46 : « *Ils seront instruits par Dieu. Quiconque a entendu ce qui vient du Père et reçoit son enseignement vient à moi. Parce que nul n'a vu le Père si ce n'est celui qui vient de Dieu.* » Si je crois que Jésus est Dieu lui-même qui m'enseigne les choses de Dieu, n'ai-je pas franchi la porte de la vie ?

Réactiver notre foi

Alors, les sacrements vont vraiment me nourrir de vie. Évangile de la vie, le livre de Jean est aussi l'Évangile des sacrements : le baptême, dans l'entretien avec Nicodème (chap. 3), l'Eucharistie, dans le discours sur le Pain de vie (chap. 6).

L'idée de renaître (3, 5) réactive en nous la grâce du baptême, grâce de changement total. Il ne s'agit pas de changer seulement quelques idées comme le croyait le bon Nicodème, il faut vraiment naître à une vie nouvelle, marquée par l'action de l'Esprit. Qui veut vivre intensément de Jésus doit le demander à l'Esprit de Jésus.

L'Eucharistie est une autre saisie de la vie, mais l'insistance de Jean à lier foi et Eucharistie doit nous alerter : nous ne vivons pas assez par l'Eucharistie parce que nous allons à elle trop machinalement, comme si c'était une chose, une magie, alors qu'elle est une rencontre de vivant à vivant qui exige une foi éveillée au maximum : « *Celui qui vient à moi n'aura pas faim, celui qui croit en moi n'aura plus jamais soif... Mais vous ne croyez pas !* » (6, 35-36).

Ne prenons pas ces reproches aux juifs comme s'ils ne nous concernaient pas. L'Eucharistie n'est pain de vie que pour ceux qui croient que Jésus est la vie, donnée par ce pain. Nous redevenons si vite et si désespérément distraits, si faibles de foi, qu'il faut sans cesse revenir à une conviction fondamentale : se réunir, chanter, tendre la main pour communier ne nous donnera rien si notre foi n'est pas réveillée et active. Nous ne pouvons nous nourrir de vie que dans la mesure où nous croirons que la vie est là : « *Le Père est vivant; moi je vis par le Père, et celui qui me mange vivra par moi* » (6, 57).

Connaître pour aimer

Nous puisons donc cette vie de Jésus par la foi et le sacrement. Mais que devient-elle en nous ? Comment se manifeste-t-elle ? « *La vie, c'est qu'ils te connaissent et qu'ils me connaissent* » (17, 3). Rejetons tout de suite l'idée d'une connaissance froide, purement cérébrale. La connaissance de vie n'est pas une science mais une telle entrée en relation personnelle avec Dieu (comme on dit « faire connaissance ») que c'est là, justement, ce qui s'appelle vivre. Nous avons été créés pour cette connaissance à condition qu'elle nous jette dans l'amour.

Méfions-nous cependant d'un certain dédain du cérébral qui nous pousserait à privilégier les seuls élans du cœur (« Jésus, je t'aime »). Nous allons à Dieu par tout notre être et la tête n'est pas de trop. Quand Jésus nous dit qu'il est lumière, quand il guérit l'aveugle en disant : « *Je suis venu pour que ceux qui ne voyaient pas voient, et que ceux qui voyaient deviennent aveugles* » (9, 39), recevons encore cela comme un avertissement redoutable, n'essayons pas de vivre autrement qu'en cherchant à connaître Jésus Christ par la tête et par le cœur.

La vie s'épanouit lorsque la connaissance et l'amour se nourrissent réciproquement pour engendrer une plénitude. C'est le dernier mot de Jésus dans sa grande prière : « *Je leur ai fait connaître ton nom afin que l'amour dont tu m'as aimé soit en eux* » (17, 26).

« L'amour dont tu m'as aimé ». Cet amour en nous ! Nous sommes au sommet de notre recherche de vie. Il nous est offert de vivre l'Amour même qui est Dieu, qui est Père, Fils et Esprit. Nous avons à faire exister cet Amour dans notre cœur d'homme, dans nos relations d'homme à homme et dans un monde où l'air, l'eau et le pain seraient de l'amour.

Jésus ne nous donne qu'un commandement : « *Aimez-vous comme je vous ai aimés* » (13, 34). Peut-être ne voyons-nous pas assez la nouveauté de ce commandement. Elle est dans le « comme ». Il nous est demandé d'aimer comme Jésus aime, comme Dieu aime, ce qui n'est évidemment possible que si un amour divin nous habite. Alors, nous vivons.

Après cette révélation, Jean ne se sent pas du tout obligé de nous faire un programme de vie, personnel et communautaire. Si nous croyons que vivre c'est être assez uni à Jésus pour aimer comme lui, nous ne manquerons aucun appel précis de la vie fraternelle.

Tu nous as aimés jusqu'au bout

Au long de ces méditations nous l'avons regardé et écouté, nous avons vu sa bonté, sa sagesse, ses colères, ses goûts et ses dégoûts, sa prière, son amour pour le Père. Nous allons maintenant le regarder dans ce que Jean appelle son « jusqu'au bout », le mot qui ouvre la Passion (13, 1) et qui la signe (28, 30).

« *Jésus sachant que son heure était venue de passer de ce monde à son Père, ayant aimé les siens les aima jusqu'au bout* » (13, 1).

Les traductions différentes nous aident à percevoir les nuances : il nous a aimés jusqu'à la fin... jusqu'à l'extrême de l'amour... jusqu'à l'achèvement, l'accomplissement.

Jésus meurt en disant : « *Tout est accompli* » (28, 30). Sa mort est la fin d'une tâche, le bout d'un chemin. C'est ce chemin qu'il faut bien voir, sinon il est difficile de comprendre pourquoi la mort de Jésus nous sauve.

Pourquoi la mort de Jésus a-t-elle tant de sens et de puissance ?

Le chemin de Jésus n'est pas un chemin de souffrance, c'est un chemin de bonheur qui débouche sur la souffrance. Il n'était pas venu pour mourir de cette façon, il était venu pour vivre, pour montrer que vivre c'est aimer. Mais il a pressenti très vite aussi que lorsqu'on veut rester fidèle à cette mission d'enseigner l'amour et de le vivre, cela peut mener à la mort : « *L'extrême de l'amour, c'est de donner sa vie pour ceux qu'on aime* » (15, 13).

Jean ne polarise pas notre attention sur la mort mais sur l'amour, parce que ce n'est pas la mort de Jésus qui nous sauve, c'est son amour. C'est sa mort, mais au sens où elle fut le jusqu'au bout de son amour.

Ce qui est déjà une lumière, sans que cela nous dise pourquoi cette mort nous sauve tous. Tant d'hommes ont souffert plus longuement, plus atrocement que Jésus, et beaucoup par amour et dans l'extrême de l'amour. Pourtant, seule la mort de Jésus a concentré une puissance d'amour si grande qu'elle allait éclater en puissance de salut universel.

Pourquoi cette mort avait-elle tant de sens et de force ? Parce que Jésus étant Dieu, sa mort a été l'amour de Dieu dans le jusqu'au bout d'un homme. Toute sa vie, Jésus a été amour, mais sur la croix, étant amour à l'extrême, il est Dieu même qui à ce moment-là aime à l'extrême. Et c'est aussi notre propre puissance d'homme qui en Jésus aime à l'extrême. L'amour a toujours été la vérité de Dieu. Sur la croix, l'amour devient totalement la vérité d'un homme. Et d'un homme qui nous représente tous, en qui nous sommes tous : « *Le Fils de l'Homme est venu pour donner sa vie en rançon pour la multitude* » (Mc 10, 45).

En Jésus, investie et travaillée par l'amour de Dieu, la mort-défaite des hommes devient leur mort-victoire. Jean montre bien que mort et résurrection se tiennent, c'est un passage, une Pâque, qui se fait par l'amour : « *Son heure était venue de passer de ce monde à son Père* » (13, 1), ce qui ne veut pas seulement dire « de la terre au ciel », mais du monde où la mort triomphait, au monde où elle est vaincue, transformée.

Désormais nous savons que les forces mauvaises qui mènent à la mort spirituelle ne peuvent agir que là où manque l'amour; les forces de vie, les forces de résurrection naissent de l'amour.

Tout cela pouvait se dire et Jésus l'avait dit, mais la fidélité à sa mission l'a poussé à le vivre dans les pires conditions, jusqu'au plus profond de l'angoisse et de la souffrance humaines. En lui, la force de l'amour a triomphé de tout. Avec lui, l'amour en nous peut triompher de tout. Nous sommes aimés jusque-là et nous pouvons aimer jusque-là : « *Aimez comme je vous ai aimés* » (13, 34). C'est cela le salut.

Regarder Jésus en croix, aimant jusqu'à l'extrême, nous fait désirer d'aimer et nous assure que nous pouvons aimer. Notre salut n'est pas quelque chose d'automatique et de magique, c'est la puissance de l'amour de Jésus nous communiquant un dynamisme de victoire : le désir et la force d'aimer. Cette puissance a joué au maximum sur la croix, voilà pourquoi la croix nous sauve.

Qu'exige Dieu pour pardonner ? Rien

Quand nous regardons Jésus sur la Croix, nous regardons Dieu qui nous aime et qui nous dit : « Est-ce possible de vous faire mieux comprendre que vous êtes aimés ? Si vous ne le voyez pas là, où le verrez-vous ? » La source de notre foi est dans cette contemplation : « *Dieu a tant aimé le monde qu'il lui a donné son Unique* » (3, 16).

Comment a-t-on pu présenter la mort de Jésus comme une machination de Dieu pour régler une affaire de justice et de pardon ? Dieu, personne ne le connaît, personne ne peut parler de sa justice et de ses pardons, sinon Jésus (1, 18). Pour nous expliquer comment Dieu nous aime et nous pardonne, Jésus a raconté l'histoire du père de l'enfant prodigue. Qu'a-t-il exigé, ce père, qu'a-t-il imaginé pour effacer l'offense, pour pouvoir pardonner ? Rien. Il a ouvert les bras.

Ce rien est-il si difficile à croire ? Pourquoi inventons-nous autre chose ? Un Dieu terrifiant dont il fallait « apaiser le courroux », comme on l'a si longtemps chanté à Noël. Un Dieu très bon mais qui imaginait de faire mourir son Fils pour pouvoir effacer nos fautes avec son sang.

Il y a des manières de lire l'Écriture, il y a des déductions de théologiens qui conduisent à regarder la Passion comme un drame à part, coupé de ce qui avait fait jusque-là l'être et l'existence de Jésus. La Passion devient le lieu des règlements de comptes avec Dieu. On totalise les souffrances du crucifié, on évalue les fautes des hommes, et on se dit : « Il fallait sûrement toutes ces souffrances pour payer tant de péchés. »

Par sa vie, d'abord, et par sa mort comme le jusqu'au bout de cette vie, Jésus nous enseigne autre chose : pas des comptes de justice mais des exigences d'amour. Dieu est amour, il nous a créés à son image, il n'attend qu'une chose de nous, que nous entrions dans l'amour et que nous nous maintenions dans l'amour. Si Jésus en croix ne nous apprend pas cela, nous ne saurons jamais rien de l'amour, rien de Jésus, rien de Dieu.

Ne recule pas

Jésus crucifié ne nous révèle pas un Dieu qui a besoin de ces souffrances et de cette mort, mais un Dieu qui par amour laisse son Fils s'engager à fond dans l'amour. Cet amour a rencontré tant de haine qu'inexorablement la croix était au bout. Au début de la prière qu'il nous a apprise, Jésus nous fait dire : « *Père, glorifie ton nom !* » Dieu est Amour, et ce qui le glorifie c'est l'amour, ce n'est pas la plus dure souffrance et la plus dure mort. Mais si l'amour doit avancer sur des chemins qui font peur, et si cet amour ne recule pas, alors il est extrême et Dieu est glorifié à l'extrême.

Pourquoi de la souffrance peut-il jaillir tant d'amour, et si pur, si sauveur ? Je ne peux pas dire mieux que mes tâtonnements, j'ai davantage de questions que de réponses. La seule chose sûre c'est que Jésus, sur la croix, nous donne sa plus haute leçon : « L'amour m'a conduit jusque-là et je n'ai pas reculé; ne recule pas. — Sur quels chemins vas-tu m'appeler ? — Pas moi, ta vie et l'amour qu'elle exigera. Mais je serai là. »

Jésus sur la croix, cela veut dire que Dieu est venu avec nous jusqu'au bout de nos peurs et de nos détresses. Il n'a pas pu nous offrir une vie sans agonie et sans mort, et c'est là un grand mystère, mais il n'est pas resté sur les rives de nos souffrances. Il est entré au plus profond, non pour nous épargner les combats mais pour nous aider à en faire des victoires.

Sur la croix, un vainqueur

C'est ainsi que Jean regarde le Crucifié : comme le vainqueur qui nous rend vainqueurs. Mais qu'un homme arrêté, humilié, frappé et mis en croix puisse être le vainqueur qui nous donne toutes les victoires, ce n'est pas facile à voir et à croire, et Jean insiste : regardez bien qui meurt !

Dès l'arrestation, le ton est donné. Jésus s'avance, prend l'initiative, proclame le nom divin : « *C'est moi* » *(Je suis)*. Les gardes reculent et tombent. Jésus va répondre à tous ses juges en les dominant calmement, et Pilate, inquiet, posera la question qui frémit dans toutes les pages de l'Évangile : « *D'où es-tu ? Qui es-tu ?* » (19, 9).

Nos méditations devant Jésus en croix devraient toujours reprendre la question de Pilate : « *Qui es-tu ?* » C'est seulement par là que nous entrons dans le vrai mystère de sa mort. Une mort d'amour qui nous ouvre les chemins de l'amour parce qu'elle fut à la fois la plus obéissante et la plus libre, deux exigences jamais réunies à ce point dans aucun homme : « *Ma vie, j'ai le pouvoir de la donner et le pouvoir de la reprendre* » (10, 18). Ce que rappelle si fortement la deuxième des Prières eucharistiques : « Au moment d'être *livré* et d'entrer *librement* dans sa passion... »

Voilà celui qui meurt et voilà pourquoi nous pouvons sans crainte vivre et mourir avec lui : ses chemins d'homme sont des chemins de Dieu. Si nous croyons cela, nous arriverons à voir sur la croix toute la puissance de l'amour vainqueur.

Comment déjà vivre dans ta résurrection?

Jésus ressuscité. De tous nos regards sur Jésus, celui-là est le plus décisif mais le plus difficile. Il ne peut être qu'un regard de foi, et de foi affinée. N'importe qui, par la simple lecture des Évangiles, apprend à connaître Jésus jusqu'à sa mort sur la croix. Après se fait le grand tri. Les uns s'éloignent : « Ressuscité ? Des inventions d'hallucinés ou d'habiles lanceurs de religion. » Les autres avancent sur les terres étranges des derniers récits évangéliques. Jésus apparaît, disparaît, n'est pas reconnu, puis suscite le cri émerveillé : « *C'est bien vrai, il est ressuscité !* »

Ne pas penser à Lazare ressuscité

Qu'est-ce que cela veut dire ? Comment regarder Jésus ressuscité ? Une méditation sur la résurrection doit commencer par un prélude sur la mort. Jésus est mort. Il suffit de revenir à des moments passés près d'un cadavre pour imaginer les pensées de ceux qui ensevelirent Jésus. « C'est fini. » La mort est une fin. La vie de Jésus s'est arrêtée là, comme toute vie d'homme.

Quand retentit ensuite le cri incroyable : il est vivant! il faut faire très attention à la pente qui nous ramènerait à l'idée d'une « réanimation », d'un retour à la vie d'avant la mort. Les évangélistes font tout ce qu'ils peuvent pour nous barrer cette fausse route mais je rencontre bien des chrétiens pour qui « Il est ressuscité » n'a que ce sens très faible d'un retour de Jésus à la même vie. Leur regard cherche en Jésus un Lazare ressuscité.

Ce n'est pas notre foi. Par la puissance de Dieu, Jésus a retrouvé la vie, mais une vie *autre*, celle dans laquelle nous entrerons nous aussi, et non derrière Jésus mais *en Jésus*. Car sa résurrection n'en a pas fait seulement un vivant à jamais : il est devenu aussi un donneur de vie et plus encore la Vie. Une vie sans mort, ce qui marque déjà une qualité de vie autre que la seule que nous puissions connaître.

Essentiellement, la résurrection est un passage en Dieu, une entrée dans le monde de Dieu. Vue de cette façon, elle révèle toutes ses dimensions pour lesquelles le Nouveau Testament a mobilisé un vocabulaire qu'il ne faut pas restreindre à « résurrection ». On trouve aussi : surgissement, exaltation, élévation, ascension, vie nouvelle, vie éternelle, corps de gloire.

Le mieux est de penser à une re-création, en acceptant d'être conduits par la foi là où l'imagination et le raisonnement ne peuvent plus rien. Une foi très précise : la foi en la puissance de Dieu. Devant les Sadducéens qui l'attaquaient sur ce sujet, Jésus s'exclame : « Vous ne connaissez vraiment pas la puissance de Dieu » (Mc 12, 24).

Marie-Madeleine

Mais si l'on se met à regarder en Jésus quelqu'un de tellement autre qu'il est le commencement d'un nouveau monde, et qu'il est ce monde, n'avons-nous pas perdu Jésus de Nazareth ?

Là encore les Évangiles redressent et guident notre foi : les récits des apparitions insistent autant sur Jésus le même (« *Il leur montra ses mains et son côté* », Jn 20, 20, et Lc 24, 39) que sur Jésus autre (Jn 20, 14). Il faut se nourrir de l'ensemble des témoignages en acceptant que rien ne soit parfaitement clair et concordant. Le Christ ressuscité est au-delà des prises du langage.

Que dire, par exemple, de son nouveau corps ? Et de son cadavre ? Que s'est-il passé entre l'ensevelissement et le surgissement ? Nous n'en savons rien. Est-ce grave ? Je ne crois pas. Dieu nous a révélé ce qu'il voulait nous révéler. Quand les Évangiles se taisent là où notre curiosité questionne, notre curiosité doit aussi se taire.

Ramenons-la au plus typique des récits de résurrection avec celui des pèlerins d'Emmaüs : l'apparition à Madeleine (Jn 20, 11-18). Le premier jour de la semaine, l'aube, le jardin, comment ne pas penser au recommencement du monde ? Un mot nous ramène aussi au commencement de l'Évangile : « *Femme, que cherches-tu ?* » Quand André et Jean s'étaient mis les premiers à suivre Jésus, il leur avait dit : « *Que cherchez-vous ?* » (1, 38).

C'est la question de toutes les méditations de ce livre, c'est la question de notre vie : que cherchons-nous ? Quand nous disons à Jésus que nous le cherchons, il répond : « *Venez, vous verrez.* » Mais il y a tant de choses dans ce « voir ». Qu'avons-nous vu de Jésus ? Comment le regardons-nous ?

Marie-Madeleine le regarde et le prend pour le jardinier. « *Elle ne savait pas*, explique Jean, *que c'était Jésus.* » Tant que nous gardons l'initiative, tant que nous cherchons à notre manière un Jésus tel que nous le voulons, nous sommes peut-être très proche de lui, mais nous ne savons pas que c'est lui. Présent mais non reconnu, il est absent. Nous gémissons souvent de ces absences qui ne sont que notre myopie et notre acharnement à le chercher dans un ailleurs où il n'est pas.

Où est-il ? Dans la charité fraternelle (Mt 25, 40), dans l'Évangile, l'Eucharistie, dans l'oraison, dans le courage et la patience de vivre, dans la vie en Église.

Sur ces lieux de sa présence et de son action de

Ressuscité, et qui sont donc les lieux pour nous de la résurrection, Jésus prend l'initiative. Il lui suffit de dire un nom : « *Marie !* » Ou de rompre le pain à Emmaüs, ou de « se faire voir » à Pierre. Alors se produit le choc de la reconnaissance et explose le besoin d'aller dire partout qu'il est vivant. Toutes les apparitions comportent ces trois phases : le regard hésitant, la reconnaissance, et l'annonce éblouie : « J'ai vu le Seigneur ! »

Crier Pâques

C'est la même foi, maintenant, ce que l'on appelle « la foi pascale », sauf que nous sommes passés du voir au croire. Jean nous l'enseigne par l'histoire de Thomas. Il doutait, il a vu et il dit : « *Mon Seigneur et mon Dieu !* » Mais ce n'est pourtant pas sur ce cri de foi que Jean termine son Évangile (le chapitre 21 est un ajout), c'est sur une béatitude, la nôtre : « *Bienheureux ceux qui sans avoir vu auront cru.* » Et ceux qui croient font choc sur d'autres qui, à leur tour, croient et font choc. Ainsi, depuis les apôtres, se fait la transmission de la foi pascale, les croyants qui brûlent du feu de Jésus Christ brûlent les autres.

Dérisoire affirmation ? L'Église actuelle n'apparaît guère comme une Église du feu. Pourquoi ? On parle d'une crise du langage : nous ne saurions plus parler de la Résurrection et du corps de Jésus ressuscité. Mais pourquoi ne pas s'en tenir à la parole de saint Paul : Jésus est ressuscité dans « *son corps de gloire* ».

Révélation qui respecte le mystère en l'évoquant fermement, sans le réduire à des imaginations trop matérialisantes. C'est par ce corps de gloire que le Ressuscité vit sa présence actuelle et son action, et prépare notre propre résurrection : « *Le Seigneur Jésus Christ transfigurera notre propre corps humilié pour le rendre semblable à son corps de gloire* » (Ph 3, 21).

Ce savoir essentiel, ce sobre langage de foi n'est cependant pas la seule force annonciatrice de notre espérance pascale. Depuis les apôtres jusqu'à Mère Teresa de Calcutta, nous savons que chez un chrétien langage et vie doivent être étroitement conjugués. C'est seulement une vie pascale qui parle bien de Pâques. Si je ne trouve pas les mots pour transmettre le mystère de Jésus ressuscité, je peux interroger le linguiste mais je dois surtout interroger ma vie.

Qu'est-ce que j'ai à dire ? Que depuis la résurrection de Jésus une œuvre de vie se réalise puissamment contre toutes les œuvres de mort. J'ai un ami qui en ce moment est en train de mourir du cancer et c'est lui qui m'apprend l'espérance, en lui la résurrection parle. La grande preuve actuelle vraiment révélatrice de la Résurrection c'est l'expérience en moi et autour de moi de Jésus vivant.

Il faut qu'on voie que la vie en nous gagne sur la mort, il faut qu'on voie que nous sommes des espérants parce que nous sommes en train de vivre une espérance de résurrection. C'est cela qui parle et qui brûle. Les premiers chrétiens disaient : « Nous ne savons pas bien parler mais nous vivons. » Serions-nous devenus d'étranges disciples du Ressuscité, qui parlent sans vivre ?

Oser vivre

Ce que nous avons à vivre est immense. Que notre regard sur Jésus ressuscité ne tourne surtout pas en recherche du petit monde clos d'un « Lui et moi ». Avec le Seigneur c'est perdu d'avance, toutes les rencontres pascales sont très abruptement des envois.

« *Rabbouni !* » dit Madeleine extasiée. Il la détache très vite de lui : « *Va trouver mes frères* » (20, 16.17).

— Va ! Va évangéliser, va annoncer le pardon, va aimer.

— Il y a tout de même le tête-à-tête ?

— C'est vrai. Et un tête-à-tête que les mots, une fois de plus, sont impuissants à décrire : « *Vous connaîtrez que je suis en mon Père, et que vous êtes en moi et moi en vous... Si quelqu'un m'aime, mon Père l'aimera, nous viendrons à lui et nous établirons en lui notre demeure... Demeurez en moi comme je demeure en vous* » (dans le chapitre 14 de Jean).

Mais ce tête-à-tête, cette communion de vie, ce noyau incandescent de foi, d'espérance et d'amour ne définit le chrétien que si de là jaillit une vie qui veut s'ouvrir à tout et se donner. Le tête-à-tête qui rétrécit le cœur n'est qu'une illusion, c'est seulement un rendez-vous avec soi-même. Je peux savoir si oui ou non je fréquente Jésus ressuscité : c'est quand j'ose tout vivre, et avec tous.

Mon Seigneur et mon Dieu !

« *Cesse d'être incrédule, deviens un homme de foi* » (Jn 20, 27). Jésus à Thomas. Et à moi ? Pourquoi Jean multiplie-t-il les appels à croire ? « *Heureux ceux qui croient sans avoir vu... Ces signes ont été consignés pour que vous croyiez que Jésus est le Christ, le Fils de Dieu, et qu'en croyant vous ayez la vie* » (20, 29-31).

Qui donc est cet incrédule que Jean alerte, menace, adjure, depuis les premiers mots de son livre (« *les siens ne l'ont pas reçu* », 1, 11) jusqu'à la fin : « *Ne sois pas incrédule.* » La même tristesse étonnée revient, obsédante : « *Ils ne crurent pas... Ils crurent mais il ne se fiait pas à eux... Vous ne croyez pas... Ma parole ne pénètre pas en vous...* »; et le terrible : « *Ils ne pouvaient pas croire* » (12, 39).

Qu'ai-je à voir avec ces incrédules ? Je crois tellement en toi. Tellement ? Croire en toi, c'est vivre quelque chose avec toi.

Qu'est-ce que je vis ? Jusqu'au bout cette question doit me défendre contre des formules splendides qui peuvent n'être pour moi que des endormeuses. « Vivre du Christ... C'est le Christ qui vit en moi... Vivre l'Évangile... Vivre la foi... » Très bien, *mais qu'est-ce que je vis ?* Jean ne me laisse pas tranquille : « *Celui qui prétend demeurer en lui, il faut qu'il marche dans la voie où lui, Jésus, a marché* » (1 Jn 2, 4-6). Je ne marche pas, je ne demeure pas en toi. Et je sais bien pourquoi. Je ne crois pas assez en toi. Je ne crois pas vraiment en toi.

Cesse donc d'être incrédule

L'incrédule, chez Jean, c'est celui qui mis en face de Jésus et l'ayant écouté le rejette. Et c'est aussi celui qui l'ayant suivi un peu, l'abandonne. Mais même ceux qui l'ont suivi beaucoup plus et de très près, finalement le lâchent. Il y a là quelque chose d'absolument inconcevable : passer trois ans jour après jour avec Jésus dans l'intimité la plus grande, et ne pas lui rester fidèle à mort ? Et pourtant, c'est ce qui est arrivé, il y a de quoi réfléchir : « *Vous croyez, maintenant ? Eh bien ! vous allez vous disperser et me laisser seul* » (Jn 16, 30).

Même devant le Ressuscité on retrouve le cliquetis du croire - ne pas croire. « *Je ne croirai pas !* dit Thomas. — *Cesse donc d'être incrédule.* » Et justement, il cesse, il dit : « *Mon Seigneur et mon Dieu !* » C'est ce que je dis, je ne suis pas de la race d'avant Pâques, les hésitations, c'est fini.

Non, hélas! Il y a encore et il y aura toujours des rejets et des lâchages. Jean maintient jusqu'au bout en alerte ceux qui rencontrent Jésus et qui le suivent ou s'imaginent le suivre. En signalant les chemins du non-croire il nous force à examiner régulièrement notre propre foi, quelle que soit notre certitude actuelle sur la force de notre attachement à Jésus.

Trois comportements peuvent dresser un mur entre Jésus et nous. Le premier est peut-être le plus terrible car il consiste à jouer Dieu contre Jésus, ou même Jésus contre Jésus, et souvent c'est fait noblement, dans un grand esprit de piété, de sincérité et de recherche.

C'est la recherche de Dieu, le service de Dieu qui entraînèrent des gens très dignes et très forts en religion à refuser Jésus et à tomber dans une haine meurtrière. « *Vous scrutez les Écritures et vous ne voulez pas venir à moi* » (5, 39-40). Drame de ces grands prêtres et de ces pharisiens si zélés pour Dieu qui restèrent aveugles devant Jésus.

Drame actuel de ceux qui risquent de rejeter le vrai Jésus et de se fabriquer *leur* Jésus en partant d'idées abstraites sur Dieu, ou en partant des idées et des combats sociopolitiques, ou de traditions farouchement sacralisées, ou d'études très neuves comme par exemple la lecture « matérialiste », l'approche « psychanalytique » de l'Évangile. Tout n'est pas mauvais, loin de là, dans les efforts incessants pour enrichir la connaissance de Jésus. Vivant, il est cherché et aimé par des vivants, ce qui implique des accents nouveaux et multiples. Le danger, c'est quand la recherche se fait trop individualiste, trop loin de l'Évangile tel qu'il est donné et vécu en Église.

Le deuxième obstacle est plus vulgaire, et on écarte avec indignation l'idée que ce soupçon de Jean puisse nous atteindre : « *Beaucoup avaient commencé à croire en lui, mais ils n'osaient le confesser, ils préféraient la gloire qui vient des hommes à la gloire qui vient de Dieu* » (12, 43). Autrefois, on appelait cela le respect humain. Qui de nous, en épluchant sa vie, n'y trouvera pas ce souci d'être bien vu ? Nous bloquant, certaines fois, au moment où il aurait fallu affirmer carrément : « Je dis ceci, j'accomplis cela, je défends ces exploités, parce que je crois à Jésus Christ et à son Évangile. »

Tant pis si cela fait sourire, si cela nous exclut, et même si c'est dangereux. Ne pas caler, ne pas rougir de Jésus, on risquerait d'aventurer un pas, puis beaucoup d'autres, vers « la gloire qui vient des hommes », et chaque fois cela affaiblit en nous la force de notre croire.

Troisième obstacle, le plus courant : on s'imagine qu'on croit en Jésus mais on ne va pas jusqu'à la réalité de la foi qui est de vivre quelque chose avec Jésus. Non seulement penser et dire, mais faire.

Une fois de plus je reviens à la nécessité de faire quelque chose, de vivre quelque chose. Nous sommes tellement tentés de limiter notre foi en Jésus à des croyances sans conséquence sur notre vie. Nous affirmons volontiers et souvent que Jésus est Fils de Dieu, qu'il est ressuscité, qu'il est présent dans l'Eucharistie, qu'il agit dans le monde, qu'il donne l'Esprit. Tout est vrai, mais quand on ne cherche pas à le dire *aussi* par notre vie, ça n'a pas plus de force transformante qu'une leçon de géographie ou de physique. Croire, c'est bien autre chose !

Une expérience de confiance

Croire dépend d'une « rencontre », mot très dense et qui pourtant commence à s'user : rencontrer Jésus dans l'Évangile, le rencontrer dans mon prochain, dans le pauvre, dans la souffrance, dans l'oraison. Là encore, tout est vrai, tout est bon. Mais qu'est-ce qui est réellement vécu ? Qu'est-ce qui est transformé ?

La rencontre transformante, c'est quand Jésus investit ma vie de telle sorte que je ne peux plus rien faire de la même façon. Voilà le test, l'unique test de la foi chrétienne. N'exagérons pas, tout n'est pas transformé à l'instant, mais on commence une expérience qui peut, progressivement, tout transformer. Le théologien hollandais Schillebeeckx appelle cela une « expérience de confiance ».

Avec cette foi-confiance, je me mets à vivre l'Évangile dans ma vie quotidienne, à propos de tout, à la manière d'aujourd'hui, bien sûr, et à ma manière très personnelle, sinon ce ne serait pas très concret. La foi, alors, fait boule de neige, elle grandit avec tout acte de foi vécu comme expérience de confiance : « Tu attends cela de moi, Seigneur ? J'y vais ! » Croire prend un autre sens, le vrai sens. Pas un tas de choses apprises qui n'exigeaient rien (semblait-il !), mais des vérités devenues exigeantes : tu dois faire ceci, tu dois dire cela, tu dois endurer, tu dois inventer.

Je vois bien ce que souvent je vais répondre : impossible ! Et Dieu sait si la vie en fabrique de ces impossibilités. Mais ma foi-confiance va me dire d'essayer. Tout est là. L'exacte entrée dans la foi en Jésus Christ, la voilà : essayer de vivre tout de suite un petit ou un grand impossible. Alors, Jésus devient Jésus pour nous, réellement Jésus, réellement sauveur. C'est la rencontre. Sur un chantier de la vie, pas dans un tête-à-tête sans effet, sans danger. Qui veut rencontrer Jésus et rester bien tranquille ne fait que jouer à croire.

Ces avancées nouvelles, ces manières de vivre l'Évangile là même où on criait à l'impossible, c'est du courage, c'est de l'amour et de la mort. Qui a calé, par exemple, devant un pardon « impossible » et se l'est finalement arraché, sait pourquoi je parle de mort. S'il a réussi ce pardon à coups de folle confiance en Jésus, il a fait une expérience de confiance, il croit.

Ne pas théoriser sans vivre

Comment a-t-on pu réduire la foi chrétienne à un exercice de mémoire, de réflexion ou de palabres ? C'est un exercice de vie, la vie vécue avec Jésus Christ, comme il attend que nous la vivions et comme il veut nous aider à la vivre. La foi n'est pas seulement dans la tête, elle est dans le cœur et dans les mains. « Qu'est-ce que je crois ? » séparé de « qu'est-ce que je vis ? », ça ne peut aboutir qu'à ces existences païennes étiquetées chrétiennes qui font dire : « Ça sert à quoi de croire ? »

Si l'on vit quelque chose avec Jésus, alors oui on peut théoriser, il faut théoriser, interpréter, arriver à une plus grande intelligence de la foi pour mieux la vivre.

Jésus n'a pas prêché sur la Trinité, mais il a tellement vécu du Père et de l'Esprit que peu à peu les théologiens ont pu en tirer des lumières sur ce mystère. Le malheur, c'est qu'on s'est mis à travailler des idées sans toujours les vivre, et dites-moi si les chrétiens de notre temps vivent le mystère trinitaire ? C'est seulement en faisant des expériences de confiance avec Jésus, et donc en vivant de sa vie, que nous devenons comme lui élan vers le Père et docilité envers l'Esprit. Alors une théologie de la Trinité nous apporte quelque chose, parce que nous expérimentons une participation à la vie trinitaire.

Et la grâce ? On m'a enseigné bien des choses là-dessus. Pourtant je faisais mal le lien entre cette grâce très abstraite et ce que j'avais à vivre. Par des expériences de foi-confiance on peut constater que la grâce ce n'est pas autre chose que ce que nous vivons avec Jésus Christ.

On n'en finirait pas de revoir une à une nos croyances dans la lumière de notre pratique. Par exemple : « Connaître Jésus Christ. » J'ai longtemps pensé que cela voulait dire : bien étudier le catéchisme puis l'exégèse et la théologie. Un peu plus tard, j'ai cru comprendre que c'était scruter sans arrêt l'Évangile. Et j'ai enfin écouté Jean l'intraitable : « *Celui qui dit qu'il connaît Jésus mais ne garde pas ses commandements est un menteur* » (1 Jn 2, 4). Notre « connaître » ne peut progresser qu'avec nos actes : « *Celui qui fait la vérité vient à la lumière* » (Jn 3, 21). Connaître, croire, c'est avancer du même pas dans les expériences et dans les explications. Ce que Jean appelle « *Marcher dans la lumière* », mais encore faut-il marcher. A force de tarder à vivre quelque chose avec Jésus nous risquons de mourir sans avoir compris tout ce qu'on peut faire quand on croit.

On a peut-être beaucoup perdu en lâchant les vies de saints, elles étaient des expériences encourageantes de vie libérée et créatrice par la folle confiance en Jésus Christ. Elles se déroulaient tout entières sous la parole de Jésus à Thomas : « *Cesse d'être incrédule, crois.* »

Sans te voir nous t'aimons

Marc, Matthieu, Luc : avec eux nous avons regardé un homme qui fut à la fois l'être le plus transparent et l'être le plus mystérieux. Les Évangiles sont les seuls livres faciles à lire et inépuisablement difficiles. Dès les premières pages monte la question si résistante dont dépendent pourtant notre vie et notre éternité : qui es-tu ?

Un homme que tout le monde a envie d'aimer ? Sûrement. Ses paroles font naître à une vie plus libre, plus aimante; aucune n'est mesquine ni mauvaise; personne n'a été aussi simplement et totalement bon. Mais c'est une réponse faible à « qui es-tu ? ». On a fait des livres avec « qui est Jésus Christ pour vous ? » Ceux qui répondent : il est merveilleux, je l'admire, il me fascine, ne disent rien de l'essentiel. Tant qu'un seuil n'est pas franchi on reste à des kilomètres de Jésus.

A la fin de sa vie, rejeté, insulté, exécuté comme agitateur, il arrache un cri au centurion qui se tenait en face de lui : « *Ayant vu qu'il avait ainsi expiré, le centurion dit : vraiment, cet homme était Fils de Dieu* » (Mc 15, 39).

Fils de Dieu ? Par les apparitions de Pâques, et par ce qui se passait dans leur vie personnelle et dans la vie des communautés, les premiers chrétiens furent poussés vers un impensable qui va bien au-delà de l'exclamation du centurion : cet homme est vraiment Dieu, vraiment Dieu dans un homme.

Voilà sur quoi insiste l'Évangile écrit par Jean, et tout est déjà dit dans le Prologue : « *Le Verbe était Dieu, et le Verbe s'est fait chair, et il a habité parmi nous.* »

Quand ces mots frappent seulement les oreilles et un peu l'esprit, il ne se passe rien. Quand ils entrent jusqu'au cœur (tel jour ? insensiblement ?), un croyant est né. Il ne pourra plus s'éveiller le matin sans dire : Jésus.

C'est un amour difficile. On lit dans la première lettre de saint Pierre : « *Lui que vous aimez sans l'avoir vu* » (1 P 1, 8). Tantôt je me dis c'est bien vrai, tantôt je désespère. Aimer sans voir ? Lui, Pierre, il l'avait vu.

Mais Paul qui ne l'a pas vu est-il moins passionné ? Et tant de saints, et tant d'hommes et de femmes qui ont vécu cet amour. Chaque dimanche matin la *Prière du temps présent* nous fait chanter : « Christ Jésus, amour suprême du monde ! » Personne n'aura été autant aimé, même si c'est très difficile.

L'amour est éblouissement et questions. Qui es-tu ? Je t'aimerai mille fois plus quand je pourrai me remplir de toi avec des pensées nombreuses et nouvelles. Qui es-tu ? Tu vois sûrement que c'est ma parole d'amour.

Tu nais en nous avec nos premiers « qui es-tu ? » Et tu grandis avec nos questions. Curieuses, découragées, relancées, émerveillées. Je ne peux pas m'imaginer la mort autrement que comme le face à face avec la réponse : tu étais donc cela !

J'ai cherché à vivre avec toi seul et ce n'était pas toi, tu n'es jamais seul. Je m'embrouillais dans mes amours : Dieu, toi, et mes essais de charité fraternelle. A force d'Évangile, je crois que j'arriverai à m'unifier dans un seul amour. Saint Jean, surtout, me fait comprendre qu'en te rencontrant tel que tu t'es révélé je rencontre toujours le Père, l'Esprit, et mes frères. Tu es au centre de tout et par toi, si vraiment je le voulais, je pourrais vivre tout.

Quand je dis « Trinité sainte, établissez-moi en vous », tu es là. « *Au commencement était le Verbe, et le Verbe était en Dieu.* » Quand je dis : « Viens, Esprit Saint », c'est ton Esprit, c'est toi. Quand je n'arrive pas à aimer quelqu'un et que malgré tout j'essaie, je sens que je suis avec toi plus intensément que de toute autre manière. « Comment suis-je avec les autres ? » me défend contre les illusions du toi et moi, et aussi l'implacable diagnostic de Jean : « *Celui qui n'aime pas son frère qu'il voit ne peut pas aimer Dieu qu'il ne voit pas* » (1 Jn 4, 20). Je sais maintenant par expérience que plus je suis fraternel plus je t'aime sans te voir.

Il m'arrive de rechercher encore le tête-à-tête d'autrefois mais l'Évangile me saisit et me rappelle comment tu me tournes vers le Père : « *Celui qui m'aime, mon Père l'aime* » (Jn 14, 21). Ou vers l'Esprit : « *L'Esprit vous enseignera tout* » (Jn 14, 26). Ou vers ma tâche : « *Bon et fidèle serviteur !* » (Mt 25, 21). Ou vers mes frères : « *Ce que tu fais à l'un de ces petits, c'est à moi* » (Mt 25, 40). Le même amour. Ou des amours mais qui partent de toi et me ramènent à toi.

Qui devraient me ramener à toi. Ce sont plutôt de continuelles reprises, et des recherches gauches, avec tant de moments loin de toi. Mais quand je reviens, je vois bien que t'aimer donne tout.

Artisan juif dans la Palestine d'il y a deux mille ans, tu me parais parfois très resserré dans ces limites; et parfois immense, dépassant toutes mes imaginations. Un homme comme nous dans Marc, Matthieu et Luc; un être venu du ciel dans saint Jean; un être cosmique dans les Lettres aux Éphésiens et aux Colossiens, inimaginable immensité qui sera l'espace de nos résurrections. De quel amour t'aimer quand j'ajoute à ces révélations la Lettre aux Hébreux et l'Apocalypse ?

Oserai-je évoquer aussi la difficulté qui s'insinue

parfois dans mon élan vers toi ? Tu aimeras des milliards d'hommes et ils t'aimeront. Que devient-on dans de telles multitudes ? Diras-tu encore « Marie ! » ? Et pourrai-je te dire « Rabbouni ! » ?

Je reviens toujours à saint Jean. « *Demeurez en moi comme je demeure en vous* » (15, 4). Les exégètes disent que c'est le grand thème de l'inhabitation. Moi, je reçois ces mots comme des mots d'amour, tu veux être en nous pour que nous soyons en toi. Et par toi nous entrons dans l'amour qui est Dieu. « *Que l'amour dont tu m'aimes soit en eux* » (Jn 17, 26). Ce dernier mot de ta grande prière, cette déchirure dans le rideau qui nous sépare du monde final, justifie nos rêves et m'explique pourquoi nous sommes tellement désir. « *Ad Te* », comme disait saint Augustin, et peut-on traduire ? Entièrement élan vers toi, et en même temps déjà en toi quand nous aimons. Cet amour, le même qui est communion entre vous, Père, Fils et Esprit, ce même amour (qui imaginerait des choses pareilles sans l'Évangile de Jean ?), tu veux qu'il nous atteigne, qu'il soit en nous. Communion entre nous, frères de la terre, et par cette communion elle-même, l'entrée dans votre communion, Père, Fils et Esprit.

Toujours par toi. Descente de l'amour et montée de l'amour. Le Père t'aime et, descendu vers nous, tu nous fais communier à cet amour (Jn 15, 9). Si nous gardons ton commandement, si nous aimons nos frères, cet amour nous fait monter vers toi et de toi au Père (Jn 15, 10). Mouvements imaginaires ? Langage spatial ? Ils disent au moins la dynamique de l'amour. D'autres mots, comme demeurer (« *demeurez en moi comme je demeure en vous !* », Jn 15, 4) disent l'intense communion. Et que tous les mots soient maladroits et même risibles, qui va leur reprocher de ne pas décrire la vie en Dieu et la vie avec Dieu ? Les mots ne peuvent même pas décrire la vie entre nous hommes, quand, nous aimant, nous entrons dans l'amour qui est Dieu. Il est vrai que ce que je viens d'écrire là, c'est du rêve, pas du vécu. Avons-nous vraiment essayé d'aimer ?

Du moins, Jean nous aura appris une chose, tous ses enseignements mènent vers une affirmation : si nous aimons, le Seigneur est en nous, et nous en lui.

Et c'est vivre. Pourquoi faut-il tant d'années pour arriver à d'aussi simples équations ? Aimer, c'est toi. Aimer, c'est vivre.

Depuis quelque temps, j'ajoute : aimer, c'est ressusciter. Tisser notre corps de résurrection comme, dans tes années de la terre, tu as tissé le tien. Sur la croix, tu étais si totalement amour que la mort n'a rien pu mordre. La haine, l'avarice, l'égoïsme, la domination, la possession sans tendresse, sont des proies pour la mort, ce sont nos pourritures. L'amour construit des êtres de diamant sur lesquels la mort ne peut finalement rien.

Nous, pour la plupart, nous serons au dernier moment diamant et gangue. Quel travail faudra-t-il pour arriver jusqu'à notre être d'éternité ? Toi, tu es passé, sans rupture et sans attente, de ton corps terrestre à ton corps de gloire. Cette nouvelle corporéité si mystérieuse par laquelle, dans laquelle, nous pourrons enfin demeurer en toi. Et vivre sera alors vraiment aimer.

Quand je pense à ce que tu nous as révélé, que Dieu est amour, je me dis que nos expériences actuelles d'amour ne sont que de lointaines approches d'un prodigieux brasier.

Mais t'aimer déjà maintenant sans te voir, t'aimer avec le Père et l'Esprit, t'aimer en aimant mes frères, j'ai appris par les Évangiles que c'est seulement cela qui s'appelle vivre.

Table des matières

JÉSUS SELON JEAN

Imprimé en France, à Vendôme
Imprimerie des Presses Universitaires de France
Dépôt légal : 3e trimestre 1978 — No d'Imprimeur : 26 187

32,00